JN169654

いま、働く女子が やっておくべき お金のこと

Money Matters for Smart Girls

ファイナンシャル・プランナー
中村芳子

青春出版社

はじめに

幼いころは、疑いもなく、こう思い描いていた。

大人になったら結婚して、子どもが生まれて、家族をもつ。
家族なかよく暮らし、子どもたちが成長して、家を出ていく。
夫婦ふたりで暮らして、孫たちの訪問を楽しみに待つ。

でも、成長するにつれ、人生はそんなにシンプルじゃないことに気がついてくる。

自然に結婚するつもりだったのが、いつのまにか40歳をすぎてしまう人。
期せずして妊娠し、中絶ではなく出産を選び、子どもを育てる決心をする人。
離婚や死別で、シングルになる人もいる。

人生って、本当にいろいろ。

いや、思い通りにいかないからこそ、人生なのかも。

❄人生いろいろなのに「ひとり」だと不安をかかえるのは、なぜ？

日本ではいまだに「結婚は生涯続くもの」という幻想がある。

そのために「結婚」＝「（経済や生活の）生涯保障」と勘違いしてしまう女性が多いのかもしれない。

２０００年以降、女子大学生の中で、専業主婦願望が高くなっているという話も聞く。

私には30～40代の独身の友人がたくさんいるが、中には、「ひとりだから」という理由で不安をかかえている人もいる。

「ひとりだから、将来の住まいが不安。病気が心配。親の介護が心配。老後が不安」

その人たちに共通しているのは、

「いまはひとりで不安だけど、結婚したら、この不安はなくなるはず」

という思い違いをしていることだ。

でも、この不安って、結婚したからといって消えるもんじゃない。

✲結婚してもしなくても、自分で「暮らし」をデザインする

だれもが人生で何度か「こんなはずじゃなかった！」と、あ然として声を失う体験をする。私もつい最近、大きいのをひとつやらかした。

思い通りにいかないけど、それでも、自分の人生を考えてみる、デザインしてみる、やってみる、というのは、すごい意味があると思う。

これをFP（ファイナンシャル・プランナー）用語で「ライフプラン」とか「ライフデザイン」と言う。私の得意分野だ。

プランを立てるまではできなかったことが、プランを立てることでできるようになる。デザインするまでは不可能だったことが、デザインすることで可能になる。

たとえばいま33歳、ひとり暮らし、会社勤めの女性がいるとする。

女性は結婚・出産などで働き方・暮らし方が変わるから、ライフプランを立てづら

いとされるけど、重要なのは、「これから先、シングルで暮らしていくとしたら」と仮定して考えていくこと。そう考えてプランを立てれば、結婚してもしなくても困ることはない。結婚したらプランを微調整すればいい。

「これから先……」

と考えるとき、いちばん大きな不安は、お金のことだろう。

「家賃を払い続けることができるかな？」

「老後資金は足りるかな？」

そんなとき「お金のこと」を身につければ、不安から自由になって、気持ちよく生きることができるようになる。

❄ お金まわりの基本ポイントは、たったの４つ

シングルで暮らしていくためのお金まわりのことは、実はそんなに難しくない。

ポイントは４つ。

①稼ぐ

②貯める

③守る

④使う

自分のできるところから、ひとつずつ備えていけばいい。やがて4つがそろったら、いろんな不安が消えて、自由に快適に生きられるようになる。

①稼ぐ――仕事

まずは、自分の生活費を自分で稼ぐ。これが最大のポイントだ。

日々のキャッシュフローのために、働いてお金を稼ぐ。

ひところ「貧困女性」が話題になったが、彼女らの多くは「働く」こと、「働き続ける」ことに、若いときから具体的なイメージを持っていなかった。働くことについてのイメージの貧しさが、経済の貧困を招いたのだ。

「女だからアルバイト程度でいい。結婚したら辞めるから、どんな仕事でもいい、自分にはパートぐらいしかできない」という考え。

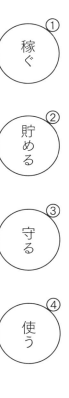

そこから脱け出して、最低でも、公的年金を受け取り始める「65歳まで働き続ける」プランをつくって実行することが大切。

おすすめは、75歳まで楽しく働き続けること。はい、75歳まで。

詳しくは第1章で解説します。

②貯める――貯金

働いて毎月収入があっても、それを使い切ってしまってはだめ。

自分のいろんな夢を実現するために、また退職後の生活に備えるために、貯金をしよう。

家を買いたい人は買うために、留学したい人はそのために貯める。

貯金を増やすため、守るためには投資もしたい。

どのくらいの貯金が必要かを知って、計画的に貯めれば、将来の不安は格段に小さくなって、毎日の暮らしは薔薇《ばら》色になる。

貯金のキホンについては第2章、

投資のキホンについては第3章、

退職後の生活のための貯金（老後資金）については第4章、老後資金のための投資については第5章で、それぞれ詳しく解説します。

③守る——保険

だれにも、万一のことが起こる可能性がある。病気、けが、入院、死。それに合理的に備えるのが「保険」だ。

シングルに必要なのは「死んだときのための保険」ではなくて「生きるための保険」。上手に選べば、最小のコストで大きな安心を手に入れられる。

詳しくは第6章で解説します。

④使う——お金と時間

お金の使い方、時間の使い方、エネルギーの使い方があなたの人生を決める。自分が送りたい人生を、自分らしく生きるには、時間とお金の使い方がものすごく大切。

第7章で、上手な使い方をアドバイスします。

家を買いたい人は第8章をごらんください。

Contents

Part 2 どんな人でも貯められる「貯蓄」のルール

Part 3 初心者でも安心な「投資」のはじめ方

Part 4 ゆとりある「老後資金」の貯め方

Part 5

「確定拠出《きょしゅつ》年金」で安心老後を手に入れる

Part 6

不安がすーっと消えていく、保険の選び方

Part 7

いまをスマートに生きる、お金と時間の使い方

Part 8

「私らしい暮らし」をかなえる、家の買い方

Part 9 シングル・アゲイン　そんなとき支えになるのは

カバーイラスト　Pyzhova Olena/Shutterstock
本文デザイン　浦郷和美
本文ＤＴＰ　森の印刷屋

Part 1

まずは
自分らしい「働き方」
を考える

老後のために大切なのは「貯める」より「働き続ける」こと

「たとえばシングルで暮らしていくとしたら」と考えたとき、お金の不安を感じて「もっと貯金しなくちゃ」と実行する人は多い。悪いことじゃない。だけど、残念な結果になることはある。

たとえば、がんばって30歳から年100万円を10年間貯めたとしよう。40歳で1000万円の貯金。悪くない。これだけあると一安心できそう。

ん、本当に安心できる？　そこで職を失ってしまったら？

生活費が年250万円だったとすると、1000万円の貯金は4年で底をついてしまう。

50歳までに2000万円貯めても、そこで職を失うと2000万円は8年で底をつく。老後がくる前に、目の前の生活費にも困ることになる。

こんな目にあわないためには、ずっと仕事を続けること。

「働き続けられる自分」をつくる。

40歳で貯金ゼロでも、65歳まで仕事を続ければ生き延びられて、65歳からは公的な年金が受け取れる。年金だけで生活費が足りないとき、65歳以降、月10万円の仕事を見つけて（あるいはつくって）働けば、暮らしてゆける。


老後や万一に備えて、貯めることは大切。

でも、それよりもっともっと大切なことは「働き続けること」なのです。

まず、このことをしっかりと心に刻みつけよう。


これはシングルにはもちろん、パートナーと暮らす人にもいえること。

だって、パートナーとの関係は永遠に保証されているわけじゃないし、相手の収入が病気やけがで途絶えることだってあるからね。

いまは経済的に支えてもらっていても、支える側にまわることだってある。

一生働くって、何歳まで？女性の寿命から逆算する

そういうわけで、20年以上前から、「女も一生働こう」と唱え続けている。

やっと世間が追いついてきたかな（笑）。

じゃあ、何歳まで働けばいいと思う？

国の年金がもらえるのが65歳から。だから最低でも65歳までは働く。

でも、65歳まででは足りない、と私は考える。


50年ほど昔、日本人（ここでは男性）の寿命は65歳くらいだった。

だから「60歳まで働いて、年金と家族の支えで5年ほど生きる」というライフスタイルが成り立った。

つまり、「老後」とは人生（65年としたとき）の10％以下（5年）。

女性の寿命はもう少し長かったけど、当時の女性は夫に養ってもらい、夫の死後は

子に養ってもらうのが普通だった。外で働いて現金収入がある女性は例外だったのだ。

この「余生（老後）は、人生の1割」っていうのは、なかなかいい感じだと思う。

さて現代、女性の平均寿命は87歳（厚生労働省「簡易生命表」２０１５年）で、90歳を超えるのは時間の問題といわれている。

１００歳を超える人もちっともめずらしくない。

ここに、「余生1割説」を適用すると、人生90年だから余生は9年。82歳から。

つまり、「81歳までは現役で行こう！」ということになる。

81歳まで！

いえいえ冗談ではありません。しらふの本気です（笑）。

✲ 働き方はひとつじゃない

「いま30代。恋人はいなくて結婚の予定もないけど、そのうち誰かが現れて結婚することになったら、仕事から引退したいなあ」

と漠然と思っている女性もいると思う。

もちろん、出会いは明日あるかもしれない。3年後にあるかもしれない。10年後に世紀の大恋愛をするかもしれない。その日のために、今日も明日もセクシーな「私」でいたい。

そして、何らかの事情（彼が成功したイタリア人の起業家で、彼の国で暮らすことになるとか）で、仕事を辞めざるをえなくなるかもしれない。うふふ。

それでもね、定年の65歳まで、プラス10年、15年働くキャリアプランを自分の中に持っておこう。ええ、異国にあっても。

こんなことを言うと、

「そんなの無理ぃ、30代のいまだから、こんなハードな長時間労働になんとか耐えてるけど、いまだってギリギリ。60歳どころか、40代、50代まで働き続けられる自信だってないよー（涙）」

という声が聞こえてきそう。うん、わかる、わかる。

でも、考えてみて。

仕事や働き方はひとつじゃない。いろいろな職場、仕事、働き方がある。

残業が多くて帰宅は毎日ほぼ深夜、という職場にいたAさんは「結婚して仕事を続けるのは無理」と思っていた。

でも、結婚前に転職に成功。残業が少ないのでいまは「子どもが生まれても仕事を続けよう」と考えている。

Bさんは、資格の勉強のために、正社員を辞めて残業のない契約社員に。2年で資格をとり、いまは資格を活かして別の会社に就職、正社員として働いている。

Cさんは、普通の会社員からフリーランスのライターになったけれど、収入が安定しないので、出版社の契約社員に。その後、試験を受けて正社員に。

仕事や働き方は何百も何千もある。

「無理」と決めつけないで、いろんな可能性を考えていこうよ。

正社員か非正規か？広く世の中を見て「働き方」を考えよう

「一生働く」を考えるときには、まず、自分のいまの仕事や働き方にとらわれずに、ひろーく世の中を見てから考えるのがいいと思う。

いま、正社員（正規雇用）でも、別の会社に転職することもできれば、契約社員になったり、派遣社員になったり、アルバイトになることもできる。

いま、派遣社員でも、派遣先で契約社員になり、その後、正社員になる可能性があるかもしれない。

いま、アルバイトでも、資格をとってどこかにいったん勤めて修行して、専門家として独立することもできる。

いえ、別に無理に変わらなくてもいいのだけど、人生長いから、やりたいことや住みたい場所、ライフスタイルもどんどん変わってきて当然。
それに合わせて、仕事の形を変えていけたらいい。

75歳、80歳まで働くなら、ずっと正社員ってわけにもいかない。
それぞれの働き方の特徴を、ざっと見てみようか。

✲ 正社員（正規雇用）は収入が多い。何より安定！

大学を卒業する人たちが必死で就職活動をして、めざすのがこれ。何でだろう。
大きないい会社に入ると、給料が高い。
ボーナスもある（年俸制の会社もある）。昇給もする。退職金もたっぷりある。
社会保障（健康保険、年金、失業保険）もあるし、福利厚生も充実している。
自分から辞めない限りは退職まで働き続けられる。
お金と安定の面から見たら、魅力的だ。
正社員として面白い仕事、やりがいのある仕事ができたら、すごくいい。

でも、いいことばかりではない。

職場によっては残業や休日出勤が多かったり、人間関係が大変だったり、自分のやりたい仕事ができなかったり。

どこにも「理想の職場」というのはない。

この職場で長く働くのは無理、と思っても、すぐ辞めるのではなく、異動を願い出たり、転職先を探すのもいいんじゃないかな。

✲非正規雇用は、収入少なめだけど、拘束されにくい

正社員になることが以前より難しくなった一方で、契約社員、派遣社員、アルバイトなどの働き方が増えてきた。こちらは「非正規雇用」と呼ばれる。

これらの働き方は「1時間あたりいくら」という「時間給」で支払われるのが普通。経験や専門知識がなくてもできる仕事（たとえばファストフードやコンビニなど）は時給が低く、その逆（たとえばロシア語の同時通訳など）だと高い。

働く会社、場所や時間を、自分で選べるのがいいけど、半年や1年などの契約が終わったときに、仕事が続けられないこともある。

自由度は高いけど不安定。

健康保険はあるけど、失業保険はないことが多い。

年金はあるけど少なめ。

専門性を高めれば、時給を上げることができるけど、会社員のような自動的な昇給はない。専門性を高めないと、仕事を続けられなくなることもある。スキルアップが必須だ。

✧ はっきりした目的がないなら、正規をめざせ

正社員と正社員でない働き方の収入は、20代では大きな差はないが、30代、40代と差がどんどん開いていく。正社員（正規雇用）は給料が上がっていくけど、非正規はほとんど上がらないから。

専門性が低い「一般事務」なんかだと40代以降、仕事がなくなることもある。

仕事内容もコストも同じなら、40代よりも20代の女性が好まれる、というのが現実だ。

ここに厳しい現実を見せてくれる調査結果*がある。

20代前半の女性の年収は正規が299万円、非正規が224万円と、年75万円の差。ところが、正規は50歳くらいまで年々収入が増えるのに、非正規は30代前半をピークに下がり始める。

30代前半で正規が399万円、非正規が256万円と、143万円の差。

40代前半で正規が451万円、非正規が253万円と、198万円の差。

生涯賃金（23歳から59歳までの収入の合計）で見ると、正規は1億3448万円、非正規は8020万円と、なんと5000万円以上の差がある。

＊各数字と左頁のグラフは厚生労働省「賃金構造基本統計調査」（2015年）参照

おまけに、仕事の内容はほとんど同じなのに、正規と非正規の社員で給料が大きく違うことがある。

たとえば、銀行の窓口の仕事。時給に換算した場合、社員は2500円くらいなのに、パートは1300円とか。

家を買いたくなったとき、非正規は住宅ローンを借りられないことが多い。将来の収入が保証されていないから。

正規・非正規でこんなに違う！　女性の年収

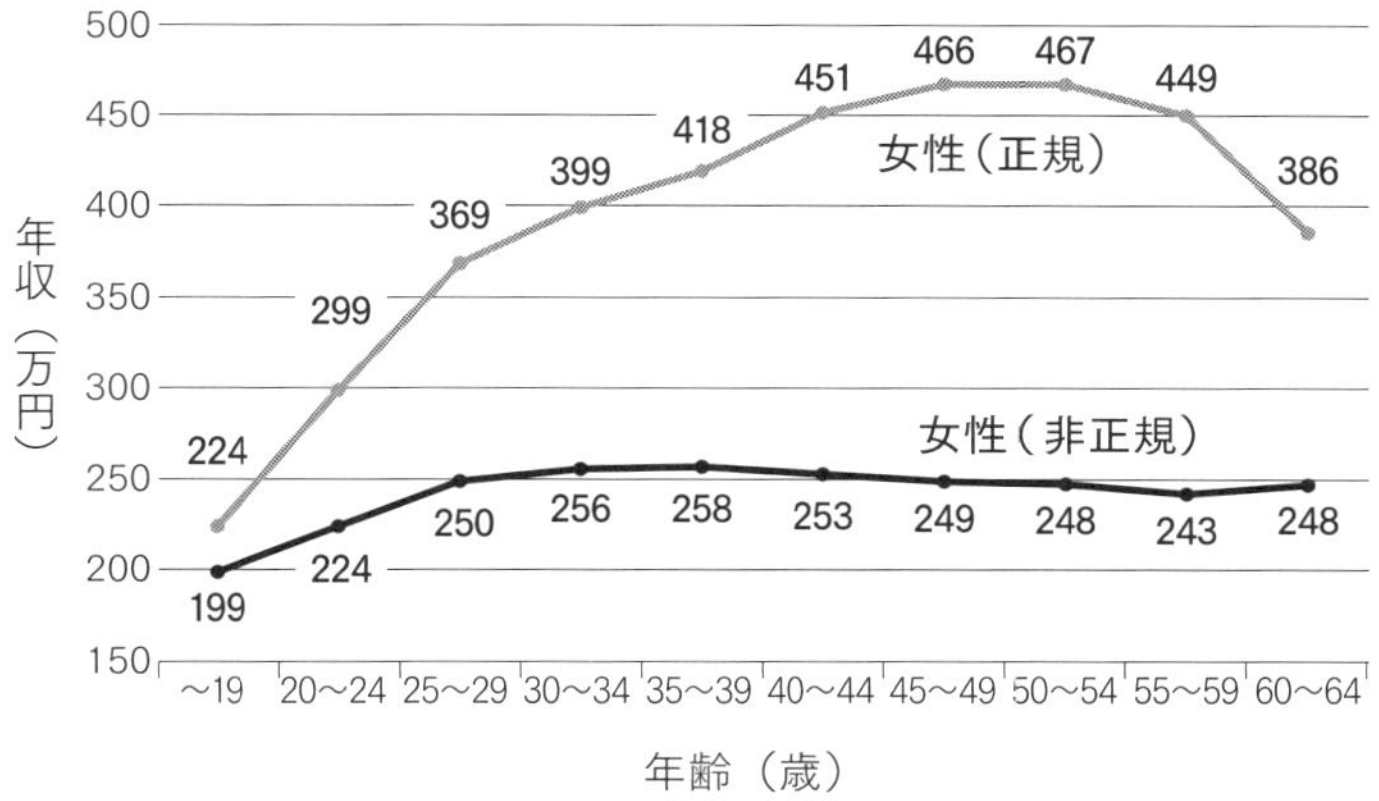

結論。

はっきりした目的がない限り、非正規雇用よりも正規雇用を選ぶべし。

「経験がないから非正規で入って、仕事の経験を積んで上をめざす」

「もっといい仕事につくための勉強をする3年間だけ非正規」

「この会社の社員になるために、まず非正規から入ってステップアップをめざす」とかね。

なんとなく非正規、だらだら非正規は、貧乏への坂道を下ることになる。

フリーランスや独立起業という働き方も

そんな働き方があるなんて、私も大企業の会社員から転職するまで知らなかった。

ところが、FPという仕事についたおかげで、フリーランスのライター、編集者、カメラマン、デザイナーの方と知り合うことになる。

税理士、司法書士、不動産業者、企業経営者、もっといろいろ。

会社の傘に入らないで、独立して自分で仕事をしている人たち。雇われる会社員とは、まったく違う生き方だ。

何かしら人より得意なこと、手に職や専門知識があって、度胸とネットワークがあれば、そういう働き方もできる。

実はフリーランスや起業という働き方は、女性に大きなメリットがある。働く場所や時間を、自分で決められるということだ。

事務所を借りてもいい、カフェでもいい、自宅でもいい。

「1日8時間×週5日」という働き方もできれば、「1日10時間×週4日」もできる。

夢の週休3日！

子どもがいたり、勉強したいことがあれば、1日5時間でもいい。

平日に休んだり、朝5時から働く、午後だけ働くこともできる。

夏休みを1か月とることも、連休をはずして1週間休暇をとることもできる。

何でもあり！　すてき！

ただし、収入の保証はない。はははは。年金も医療保険も老後資金もすべて自分で手当てしなくてはいけない。が、ま、やってやれないことはない。


いまは、パソコン一台あれば、どこでも（海外にいても）仕事する環境をつくることができる。在宅勤務も拡がっている。会社にしばられない新しい働き方は、これからもどんどん増えてくるはず。

長～く働き続けるためには、いろいろな働き方を知って観察しておきたい。「私には無理、関係ない」と思っていたのが、ある日思いがけず、翼を広げて飛び立つことになるかもしれない。30歳の私にそれが起こったように。

5年後、10年後の働く自分をイメージする

頭の中に何かをイメージするのって、難しいけど楽しい。楽しいけど難しい。トランポリンやフィギュアスケートなどでは、イメージがとても大切。自分の体の動きをまずイメージして、その通りに動かせるようにトレーニングを重ねていく。

お金のプラン、ライフプラン、仕事プランでも、このイメージが大切だ。

ここでは、仕事のイメージを思い浮かべてみよう。1年後、どういう仕事、働き方をしていたい？　3年後は？　5年後は？　そして10年後は？

これは実は、男性は無意識のうちにしていることだ。1つ上の先輩、3年上、5年上、10年上の先輩たちを見て比べて「あんな風になりたい」「あんな風にはなりたくない」ってね。そして、できるやつは「A先輩のようになって、B先輩のようにならないためには、自分はいまこれをするべきだ」ってところまで考えて実行する。

この仕事長期作戦が、女性はちと弱い傾向にある。だから、いまここで補強しよう。いまの会社で働き続けるプランなら、そんなに難しくない。1つ上の先輩、3年上、5年上、10年上の先輩たちを観察して、自分はどうなっているか、どうなりたいかを考える。同性の先輩がいなければ異性の先輩でもいいし、社外の人でもいい。異業種でもいいし、外国人でもいい。自分で壁を作らない。あなたのインスピレーションを刺激してくれる人ならだれでもOKだ。

私も勝手にお手本にしている人たちが何人かいる。

101歳で亡くなった女優・映画監督のレニ。世界的な作品を書き続ける小説家。中国から単身で日本に渡ってきた武術家。イスラエルに移住して牧師になった日系ビジネスマン。アメリカで40年間障害児教育に携わっている女性教師。

彼らはFPじゃないけど、豊かなインスピレーションと勇気をくれる。

あなたも目を上げてみて。

こんな働き方、生き方をしたい、こんな人になりたいっていう誰かを見つけよう。探せばきっと見つかる。そしてあなたの人生が変わる。

働き続けることが最大の自己投資になる

働き続けるためには、どんどん進化する社会で取り残されないことが大切だ。

そのためには、いまやっている仕事に真剣にとりくむことだ。

仕事を通じて知識が入ってくる。勉強するべきことがわかる。

人付き合いもひろがっていく。実力がつく。

仕事を続けていけば、60代になっても70代になっても、社会に取り残されることはない。90歳、100歳で現役の人たちもいる。

でも仕事を辞めたら、30代でも40代でも取り残されてしまう。

新しいソフトウェアが使えなかったり、仕事の話題についていけなくなったり。

年齢じゃない。働き続けることが、最大の自己投資。

✲働き続けるために大切なのが「健康であること」

体と心が健康じゃないと働けない。

だから「健康のための投資」は、ものすごく大切だ。

私の周りでは、30代、40代で体や心の健康を崩して、会社を休んだり辞めてしまった人たちがいる。悲しいことに亡くなった人たちもいる。多くは「働きすぎ」「がんばりすぎ」「悪いライフスタイル」のせいで。

すべての病気を防ぐ万能の健康法ってないけど、基本的なルールを守っていれば、体と心の病気は高い割合で防げるはず。

健康のためにお金と時間とエネルギーを使おう。そうすると、長く楽しく働くことができる。すると、生涯収入が増える。

一方で、病院代や薬代が少なくてすむ。

収入が増えて支出が減る。健康への投資は十分、理にかなっているわけだ。

✲目先の高収入より、長～く続けられる仕事が◎

ずいぶん前、六本木にある会社に勤めていたときのこと。

残業を終えて10時頃、一階でエレベータを降りると、20代後半の女性がエントランスに座り込んでいる。高級そうなスーツで身を固めているが泥酔している。

「大丈夫ですか」と助け起こすと、

「私は年収1000万円あるのよ。すごいでしょ。でも仕事がどれだけ大変かわかる？私だからできるのよ。私、年収1000万円なんだから」

と、ろれつの回らない言い方で同じことを繰り返す。

これからどうするのか尋ねると、家に帰るというので、ビルの前でタクシーを停めてなんとか乗り込ませた。

ちゃんと自宅の住所を言えただろうか、車の中で吐かなかっただろうか。

彼女の仕事のストレスはどれだけだったろう。

年収2000万円の外国人女性と仕事をしたこともある。

会社が借りてくれた家賃100万円の高級マンションに住んで家事は全部お手伝いさんまかせ。ため息が出るほど優雅な生活に見えた。

しかし仕事のノルマはきつく、それを達成できずに2年で母国に帰ってしまった。

高収入の仕事はプレッシャーが大きい。ストレスも大きい。労働時間も長くなりがちだ。

自分らしい暮らし方をしながら、高収入が実現できるなら素敵だ。理想的。そんな人もいる。だけど、高収入を実現するための負担が大きいと、仕事を続けられなかったり、体や心を壊すこともある。

年収1000万円の仕事でストレスで体を壊して数年で辞めるより、年収300万円の仕事を長〜く続けて楽しく暮らすほうが、お金の面から考えてもはるかにいい。

「毎日の暮らしが楽しい」「自分の時間がある」というのは、実に、年収500万円以上の価値があるかもしれない。

無理なく楽しく続けられる仕事に出会ったら、それは大切にしたい。

そんな職なら、65歳までと言わず、ずーっと続けたくなるんじゃないかな。

親が要介護になっても絶対に仕事を辞めない

長く働き続けるためには、このことも知っておきたい。すごく重要。

我が身30代までは、親は自分を応援して支えてくれる、たまに煙たいが、ありがたい存在だ。それが40代になるころから、親のことが心配になってくる。

「うちの親まだ元気だけど、あと数年で70代。いつまで元気でいてくれるかな」

親戚や友人から、親の介護の話を聞くようになる。転んで骨折した、介護が必要になった、出かけられない、ショートステイに通っている、いろいろ。

親の体が弱り、介護が必要になったときにいちばん大切なことは「仕事を辞めない」ことだ。親の介護が始まる40代後半~50代は、まさに自分の老後資金を貯める大切な時期。だから絶対に仕事を辞めない。

そのためには、コラム（P114）で紹介する「介護保険」を早くから（状態が軽いうちから）利用することが欠かせない。「要介護5」になってからではなく「要支援」

のときから。

世の中では、子が親を自宅で介護し、最期まで看取ったという美談が宣伝される。でも、それをやろうとしてできなかった人たちがたくさんいる。美談は気にしない。親のために、子が自分の仕事や生活を犠牲にすると、共倒れになってしまう。

自分にできることを、できるところまでやる。きちんとボーダーラインをひいて、できないことは、介護保険や民間のサービス、親戚、親の友人知人の力を借りよう。

介護休暇についても知っておこう。介護休業制度は、育児休業と同じく国の制度。すべての会社員の権利だ。

「勤務先に申し出ると、要介護状態の家族ひとりにつき、常時介護を必要とする状態ごとに1回の介護休業をすることができる。期間は合計して93日まで」という制度。

介護休暇だけで足りないときは、会社の上司や担当者とよく相談する。

収入が減っても、待遇が少し悪くなっても、仕事を続ける努力をしよう。

親が「要介護」になっても、絶対に仕事を辞めない。困ったら、まわりのいろんな人に相談して助けてもらおう。こんなときに頼れる友人を持っておきたい。自分もそんな友人になろう。

Column

まわりと自分を比べない いまの幸せを味わおう

自分で働いて稼いだお金で暮らせるって、すてきなことだ。もしくは、いま十分稼いでなくても、助けてくれる誰かがいるって温かい。

なのに、まわりと比べると、せっかくのすてきな暮らしがミゼラブルになってしまう。ああ、無情。

「あの人は、自分より給料が高い」「あの人は、いつもいい服をきている」「あの人は、やさしい恋人がいる」「あの人は、すてきな家族がいる」「あの人の仕事は、かっこいい」「あの人は、いい家に住んでいる。いい車に乗っている」「あの人は……」

人と比べる癖があると、どんなにたくさん稼いでも、どんなに貯金が増えても幸せにならない。自分より下の人を見て優越感にひたり、自分より上の人を見ると劣等感にさいなまれる。決して満足できない。そんなのつまらない。

パウロという人は、こう言っている。

《私は、どんな状態でも満ち足りることができる。金がなくても対処できるし、豊かな時のお金の使い方、楽しみ方も知っている。その秘訣を心得ている。》（新約聖書『ピリピ人への手紙』４章より）

かっこいい。私もこうなりたい。

人と比べないで、自分の状況を冷静に見る。いま持っているもの、たとえば仕事、住まい、友達、家族に感謝する。その上で、なりたい自分、送りたい人生を思い描く。それに近づくために、作戦をたててお金をコントロールする。

思い通りにならないこともあるかもしれない。でも、どんな状況でも満ち足りる心の余裕を忘れない。それから前を見て、一歩を踏み出そう。

Part 2

どんな人でも
貯められる
「貯蓄」のルール

いくら貯めたらいいか？収入の「15%」が正解

貯金は大切だ。だれでも知っている。問題は、

①いったい、いくら貯金したらいいか。

②何に（どの金融商品に）貯めたらいいか。

まず、最初の命題の答えから。

あなたが会社員で、そこそこの退職金が受け取れるなら、25歳から65歳まで平均して手取り収入の15%を貯め続ければいい。

これで、40代でマンションを買い、退職後の暮らしにも備えることができる。

家はいずれ親から譲り受ける予定などで、マンションを買わなくていいなら、もっと少なくてOKだ。

考え方はとてもシンプル。

単純化するために、25歳から65歳までの平均の手取り年収を３００万円としてみよう。

３００万円の15%、つまり年45万円を40年貯めるとトータルで１８００万円。

プラス退職金６００万円（2年分）で２４００万円。

１５００万円(年収の5倍)のマンションを買うときに、４５０万円(年収の１・５倍)の自己資金を払う。

「15%」貯金で安心老後

40年間の貯金
＋退職金
2400万円
（年450万円×40＋600万円）

－ 40代でマンション購入
（自己資金）
450万円
（年収の1.5倍）

－ 老後25年間の
生活費の不足分
1500万円
（年60万円×25）

＝ 予備費
450万円

65歳からの生活費は、住宅ローンが終わっているとしたら年180万円（年収の60％）。

公的年金が120万円（年収の40％）だから貯金から出すべき生活費の不足は、年60万円。

60万円×25年（65～90歳）＝1500万円。

退職金を合わせた貯金2400万円から家の自己資金450万円と老後の費用1500万円の計1950万円を出しても、450万円残るので、これを予備費などにあてることができる。

第3章で話すが、同じ貯金額でも投資で上手に増やしたら、もっとゆとりが生まれてくるので、ぜひ実行したい。

途中で収入が増えたら、それに合わせて貯金を増やし、収入が減っても減ったなりに貯金を続けることがポイント。

ね、意外にシンプルでしょ。

あなたが貯金できない理由いろいろ まずは貯める目的を見つけよう

お金を貯める理由はわかってる？

そう、自分の夢をかなえるため。

留学だったりマイホームだったり、引っ越しだったり、優雅な老後だったり。もし、貯めるべき理由がはっきりしていなかったら、それが貯められない最大の理由だ。

✲ 貯まらない理由① 貯める目的がない、わからない

貯金はダイエットに似ている。

なんとなく「痩せたい」と思っていても、まず実現しない。でも「結婚式にあこがれのウェディングドレスを美しく着こなす！」というはっきりした目的があれば、ハードな食事制限も運動も実行できる。

貯金も、なんとなく「お金を貯めたい」と思っているだけでは貯まらない。でも「5

年後に留学する!」とか「40歳で2000万円のマンションを手に入れる!」とか具体的に思い描く目標があれば、確実にがんばれるはず。

そのためにも、自分の将来にいろんな楽しい夢を描くことから始めたい。

✲貯まらない理由②　「お金に余裕があるとき貯めればいい」という勘違い

「まだ若いから」「収入が少ないから」「ゆとりがないから」という理由で「いまはまだ貯めなくていい」と考えるのは、大いなる勘違い。

最初に話したように、収入が少ない人・少ないときは少ないなりに、多い人・多いときは多いなりに、一定割合を退職までずーーーっと貯め続けることが大切。

これが貯金の本質なのだ。気持ちをしっかり切り替えて。

✲貯まらない理由③　貯めてもすぐに使ってしまう

貯金には、実は2種類ある。

3年以内に使う予定のものと、4年以上先の「将来」使うためのものと。

どちらにも「貯金」ということばを使うと混乱するので、私は3年以内に使う予定のものは「とりわけ」とよぶことにしている。半年後の海外旅行とか、1年後の引っ越しとか、2年後の車検の費用とか。

対して「貯金」とよぶのは、10年後までに買いたいマンションの自己資金とか、5年後の留学費用とか、35年後から始まる退職後の生活費とか。

貯めているのに貯まらないという人は、「とりわけ」はしているけど、将来のための「貯金」はしていないことが多い。

最初に言った「15%貯金」は、将来のため。貯まったら崩して使う「とりわけ」は、「15%貯金」とは別に、計画的に取り分けておくことが大切。

たとえば「2年に一度、予算30万円で海外旅行に行きたい」なら、将来貯金とは別に毎月1万2500円ずつを旅行目的で取り分ければ実現できる。

✥貯まらない理由④　収入に対して固定出費が多すぎる

支出に「固定支出」と「流動支出」があるのをご存知？

固定支出は、毎月ほぼ同じ額が決まって出て行く支出。家賃、携帯電話代、生命保険料、光熱費など。

流動支出は、心がけ次第で減らせる支出。食材費、外食費、服飾費、美容関係費など。「節約！」「無駄使い減らし！」というと、誰でもまず、流動費を減らそうとする。それは悪いことじゃない。

でも、それだけでは足りない。固定費も見直そう。月1万円払っていた生命保険を3000円（医療保険だけ）に、8000円だった携帯通話料を4000円（大手キャリアから格安SIM）にできれば、月1万1000円、年13万2000円の節約。

そして、家賃！

家賃は、手取り収入の20％以下が理想。どんなに高くても25％を超えてはいけない。手取年収300万円なら理想は月5万円以内、高くても6万2500円まで。現実には、家賃の高い都会では30％以上払っている人もいる。でも、そのままではずーっと貯金できない。

小綺麗な新築マンションはどうしても高くなる。古い木造アパートなら家賃が半分くらいのこともある。工夫次第で十分おしゃれに暮らせる。

シェアハウスという手もある。私のオフィスがある下北沢は、若い人に人気のおしゃれな街。ワンルームマンションの賃料は月10万円以上だけど、シェアハウスを探すと6万円くらいからある。

13万円の2ＤＫを友人と2人で借りれば、ひとり6万5０００円。16万円の3ＤＫを3人で借りれば、ひとり5万3０００円。光熱費も折半だから効率的だ。

生活費を抑えるために住まいを変えるのは、大掛かりで一時的に費用もかさむ。だけど、2年・3年・5年で考えると、大きなプラスになる。

家賃を払うためだけに必死に働くのは、そろそろやめにしましょ！

✡貯まらない理由⑤　人力でアナログに貯めようとしている

体重が増えてから急に絶食したり、激しい運動で痩せようとしても、あんまり効果はない。一時的に体重が減っても同じことの繰り返し。リバウンドすることも多い。

貯金もある日思い立って「10万円貯めよう」「50万円貯めよう」と節約に励んで、なんとか目標を達成しても、すぐにもとの貯まらない生活に戻ってしまいがち。

ダイエットに成功するコツは、正しい食生活や運動を生活に組み込んでしまうこと。「朝食前に10分のジョギング。朝食に野菜たっぷり。夜9時以降は食べない。週2回はジムに通う。寝る前にストレッチ」

習慣にするまでは大変だけど、いったんできたら後は簡単。続ければ40代、50代になっても20代の体型を維持できる。

貯金も習慣にすること。毎月決まった日に、決まった額を貯める！

実は、こちらはダイエットよりも簡単。毎月金融機関に行かなくても、いちど自動積立の手続きをすれば、後は自動的にやってもらえる。

「毎月25日の給料日に3万円、ボーナス月はプラス5万円」で手続きをしておくと、後はおまかせで、年46万円が自動的に貯まっていく。

✲貯まらない理由⑥　みんなと同じをめざしている

この世にはいろんなプレッシャーがあるけど、最大のプレッシャーはこれじゃないかな。

せめて「人並みに」おしゃれをして、「人並みに」化粧をして、「人並みに」おいしいものを食べ、「人並みに」靴やカバンや小物もそろえなくては……。「人並みに」海外旅行に行き、「人並みに」英会話を習い、「人並みに」デートして……。

ところがメディアがつくりだしたハイレベル「人並み」を維持しようとすると、エネルギーもお金も使い果たしてしまう。すべてのことを人並みになんてできないよ。全然無理。

「人は人、私は私」の悟りを得ることが、本当の意味での成熟かも。

自分にとって大切なこと、好きなことにお金を使って、それ以外のことは上手にカットしよう。

これは大人になって自分のことがわかるようになってきて、少しずつ努力を重ねれば、できるようになってくる。

いままで「お金とエネルギーを使っても満足できなかったこと」を思い出して、書き出してみよう。

これから同じ間違いを繰り返さない教訓にしたい。

ただし、収入が低すぎると、どんなに支出を見直しても貯められないのが現実。その場合は、全力で収入アップをめざすべし。

お金とエネルギーを使っても満足できなかったこと

例	書き出してみよう！
□合コン	□
□英会話	□
□カラオケ	□
□エステ	□
□ハイヒール	□
□フランス料理	□
□温泉旅行	□
□話題の映画	□

お金とエネルギーをかけて納得できたこと

例	書き出してみよう！
□アジア旅行	□
□釣り	□
□料理教室	□
□持ち寄りのホームパーティ	□
□このブランドの靴	□
	□
	□
	□

どんな人でも貯まる習慣がつく自動積立のすすめ

先に紹介した、貯金を習慣にすることを助けてくれる「システム」。その名は「自動積立」。いったん会社や金融機関で手続きをしたら、後は毎月決まった日に決まった額を、積み立てて貯金してくれる。貯金上手の人はほぼ100%使っている。貯め体質になる第一歩が、これだ。

自動積立には、次の3種類がある。

✲ 自動積立① 会社の天引き貯金

会社で手続きをする「財形貯蓄」がその代表。

たとえば、「月2万円」で手続きすると、20万円の給料から2万円が引かれて「財形貯蓄口座」へまわり、残り18万円が「銀行口座」に振り込まれる。

毎月2万円は、簡単には引き出せない「財形貯蓄口座」へ積み立てられるから、確実に貯まっていくよ。

23歳から「月2万円＋ボーナス5万円」を貯めはじめ、5年ごとに積立額を1万円ずつ増やしていくと、20年後には元本だけで1100万円も貯まりますよ。

おまけに財形貯蓄には、将来マイホームを買うときに有利な住宅ローンが借りられるなどのメリットもある。


自分の勤務先に財形制度があるかないか、すぐチェックして！

✲自動積立②　銀行の積立定期預金

会社の財形貯蓄が使えない人、あるいは財形にプラスして貯めたいときの第一候補がこれ。銀行の「積立定期預金」。

銀行の窓口、あるいはオンラインで手続きをすると、毎月決まった日に決まった額が「普通預金口座」から「定期預金口座」に積み立てられる。

ただし、積立指定日に普通預金口座が残高不足（2万円と決めたのに残高が1万9000円）だと、その月は積み立てられない。給料日の25日を積み立て日に指定すれば、残高不足のリスクを小さくできる。

積立の手数料は無料。なかなかうれしいサービスだ。

❈ 自動積立③　投資の積み立て

投資については第3章で詳しく説明するけど、こんなのもあるって知っておいて。

◎ネット証券や銀行で手続きをする「投資信託」の積み立て
◎銀行の「外貨預金」の積み立て
◎勤務先の「自社株（持株会）」の積み立て
◎勤務先の「確定拠出《きょしゅつ》年金」の積み立て
◎自分でやる「個人型確定拠出年金」の積み立て
◎金《きん》を積み立てる「純金積立」

これらは、元本保証*がない代わりに、貯金よりも大きく増える可能性がある。財形貯蓄や積立定期に投資の積み立てをプラスすると、人生が大きく変わるよ。

＊元本保証とは……預けた額（元本）を必ず払い戻すことを、公的な制度や金融機関が保証するもの

生活のため、将来のため…目的別に口座を4つに分ける

将来のために貯めるべきお金を「生活費や楽しみに使い込んでしまう」「予想外の出費で赤字になる」事態を避けるには、目的別に口座を分けるのがおすすめ。

①日々の生活を管理する「生活口座」
②1～3年以内に使う予定のお金を入れておく「とりわけ口座」
③4年以上先の夢や老後に備える「将来口座」
④万一の出費に備える「緊急費口座」

「毎月の手取り収入が20万円。ボーナスが30万円ずつ×年2回（夏・冬）。緊急費をつねに50万円備えておく」という場合で見ていきます（左図）。

まず、「①生活口座」に入ったお金（毎月20万円）から「②とりわけ口座」に10％（毎

4つの口座に分けるシミュレーション

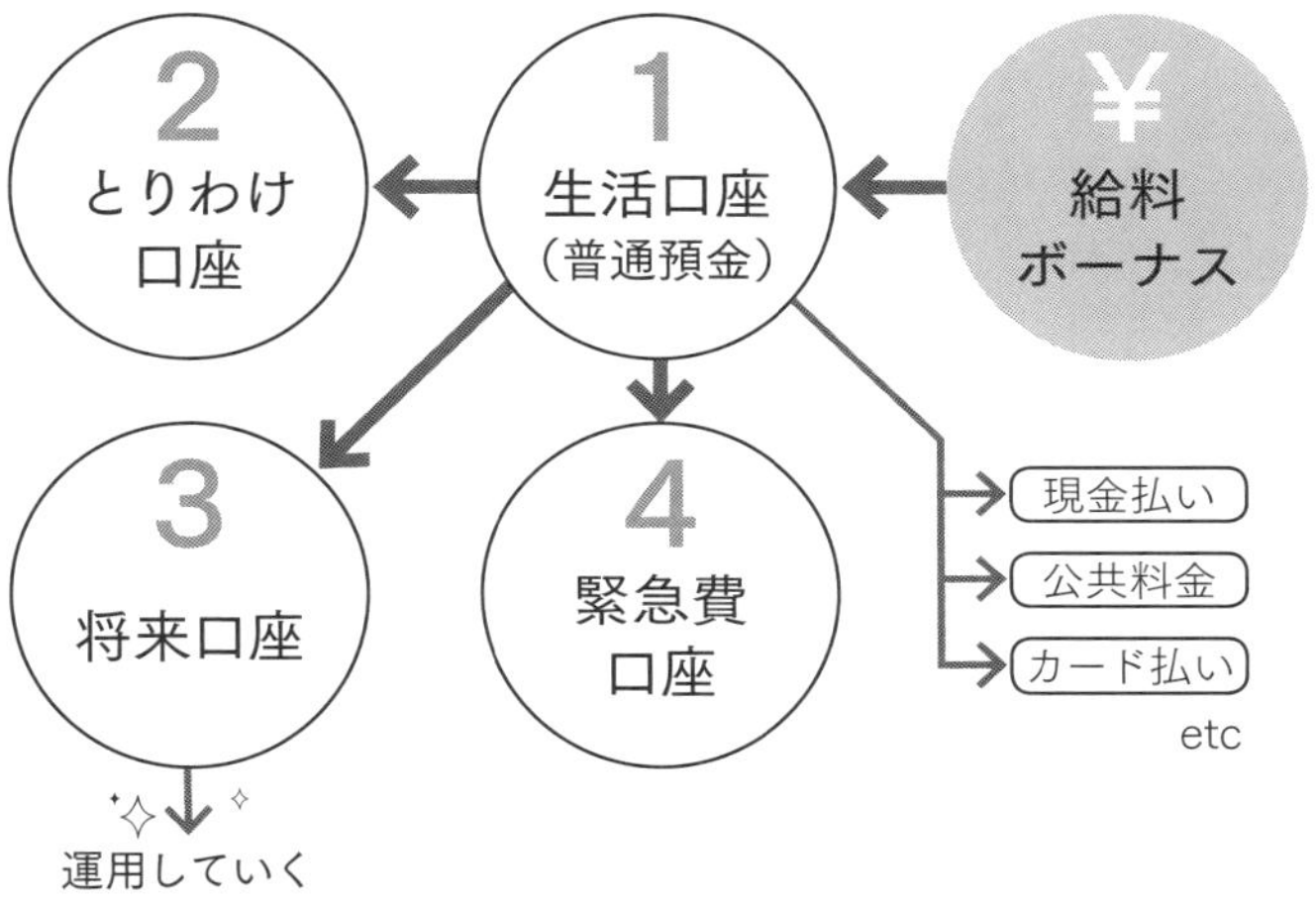

月2万円）を振り替え、「③将来口座」に15％（毎月3万円）を積み立てていく。「④緊急費口座」は、つねに50万円をキープ。何かで使ったらボーナスから補充する。

年2回のボーナス（30万円×年2回）からも、「②」に10％（3万円）ずつ、「③」に15％（5万円）ずつ。

このプランだと、毎年46万円を将来のために貯金できる。

そして「③」に貯めていく月3万円のうち2万円は、会社の「財形貯蓄」や銀行の「積立定期預金」へ。

あとの1万円は、第3章で紹介する「投資信託」で積み立てると完璧だ！

Column

実家暮らしは 29 歳で切り上げる

都会の生活はコストが高い。私も大学卒業後のひとり暮らしは、お金がなくて大変だった。でも、安い賃貸アパートを見つけるコツ、お金をかけないで人間関係を広げるコツ、シーズンオフに安く海外旅行をするコツ、積立貯金をする大切さ、貯金だけでなく投資をする大切さ、などを身をもって学ぶことができた。30 歳で起業できたのは、「失敗してお金がなくなっても、なんとかやっていけるさ」と、ビンボーを経験したからこそリスクをとり、なおかつお金に真剣に向き合えたからだ。

ひとり暮らしに比べると、実家暮らしはぬるま湯だ。パートや契約社員の少ない収入でも困らないから、仕事や稼ぐことに真剣になりにくい。世話好きな母親がいると、つい頼ってしまい、生活の自立もむずかしい。精神も経済も成熟できない。

実家を出るタイミングを失うと、おそろしいことが待っている。親に頼られる。30 代はまだいい。親は 50 代か 60 代で十分若い。ところが、親が 60 代後半、70 代になるころから、様子が変わってくる。仕事を辞めて家にいることが多くなり、病気などをきっかけに、どんどん子どもに頼るようになる。買い物、家事、病院の付き添い、いろいろな手続き。

親孝行はいいことだ。だけど、親は必要以上に子どもに甘え、早くに自立を失ってしまいがち。そして、病気や介護となったときに、その負担はどーんと独身の子どもにのしかかってくる。

親ひとり、子ひとりでも、それぞれが（近所でも同じマンションの別室でもいいから）独立した生活を営む。子の自立、親の自立は、双方の幸福のために不可欠。将来、事情が変わるかもしれないが、できるだけ長く自立を貫くことをお勧めする。家を出るタイミングは 30 歳未満がベスト。30 歳を過ぎて、まだ実家暮らしの人は計画的に貯金して、3 年以内に家を出よう。自分と親の自立と幸福のために。

Part 3

初心者でも
安心な
「投資」のはじめ方

シングル女子こそとにかく投資を始めるべし

「投資に興味がある。始めてみたいけど、何からどう手をつけていいかわからない」という人が山のようにいる。

でも、この本のこの章を読んでいるあなたは始められる。

「投資をする」というのは、自分の財産を守りながら、将来のために積極的に増やすこと。

誰にとっても大切なことだが、特に独身の女性には、絶対に投資をしてほしい。

投資経験がないと詐欺にあう

まず知っておきたいことは、「投資経験がない人ほど投資詐欺にあう可能性が高い」ということだ。

そして、独身の女性は狙われやすい。知識や経験がないと、だますのは簡単。

実際に投資をするなかで思い通りにいかないことや「損」を経験すると、

- 「投資に絶対はない」
- 「期待できるリターンが高いと、リスクも大きい」
- 「自分は不合理な決断や失敗をする」

ということが、身にしみて自分のものになる。

そうすると、「絶対に損をしない投資です」「年10%が保証されています」という投資詐欺にひっかかりにくくなる。

投資経験がないと、「自分は知らなかったけど、投資の世界にはこんないい話があったんだ」と、ころりと騙されてしまう。そんな人を何人か見てきた。

あなたにはそんな目にあってほしくない。

投資をすることは、自分を詐欺から守ることにもなる。

投資のキーワードは「分散」！ つまり「あっちこっちに少しずつ」

「投資をしよう」と聞いて、さて、何を思い浮かべる？

株式？　外貨預金？　不動産？　ＦＸ？

どれも間違いじゃない。でも投資専門家でない普通の人や初心者にはすすめない。

投資って「値動き」があるものを買って、売るから、損をするリスクがつきもの。

ただし、ここでわかってほしいのは、値動き（リスク）があるからこそ、預金より大きなリターンが期待できるってこと。「リスクゼロの投資」「絶対儲かる投資」「絶対損しない投資」は、この世には存在しない。

だから、投資をするなら「損もある」という覚悟が欠かせない。

ただし、損をできるだけ小さくするテクニックはある。

それが「分散」。「少しずつ買う」「時間をずらして買う」ということ。

その逆は、「まとめて買う」「一度に買う」。

退職までに1000万円の投資商品を買いたいとする。

あなたはどっちの方法を選ぶ？

- 手段①……退職までに貯めたお金と退職金から、65歳で、一度に、1銘柄だけの株式（たとえばトヨタ自動車とか）を買う。
- 手段②……50銘柄の株式を、40歳から25年かけて、毎月3万3000円ずつ買っていく。

①の方法は、ものすごくリスクが高い。でも素人はよくやる。買った後に急な円高（自動車会社にマイナスの影響が大きい）になれば、1000万円が700万円や500万円に減ってしまうリスクは十分にある。

②の方法はリスクが小さい。それだけじゃない。25年かけて株式相場全体が上がっていくメリットを受けられるから、積立額は合計1000万円でも65歳時点で1500万円や2000万円に増えている可能性がたっぷりある。その途中で損をするリスクもあるけど、投資額が半分になるリスクは、①に比べるとはるかに小さい。

はじめての投資は「投資信託（ファンド）」を買う

株をひとつ（1銘柄）持つよりも、多くの種類を持ったほうが、トータルの値動きのリスクは小さくなる。

前項の手段②で、「50銘柄の株式を、40歳から25年かけて、毎月3万3000円ずつ買っていく」と書いた。

株式を買うには、1銘柄あたり数万円、数十万円、数百万円かかる（銘柄による）。なのに、どうして3万3000円で50銘柄が買えるのか？

株式としては買えない。だけど「投資信託」ならできる。

実は、1万円で225銘柄とかも買えてしまう。

投資信託って漢字がむずかしそうなので、カタカナで「ファンド」と呼ぼう。

ファンドは、たくさんの株式（や、それ以外の投資商品）をパッケージ（組み合わせ）にしたもの。

お客さん（投資家）から、数万円、数十万円、数百万円とお金を集めて、数十億〜数千億円の単位のまとまりにして、それを専門会社が株式などで運用する。

何で運用するかでいろんなパッケージがあるけど、ここではシンプルで初心者におすすめの「インデックス・ファンド」で説明しよう。

インデックスは「指標」ということ。

「日本の株式相場全体の動き」を表す指標のひとつが、「日経平均株価」というインデックス。ふつうは短く「日経平均」と呼ぶ。

1日の中で上がる株、下がる株があるけど、トータルで見たときの動きを表すのが「インデックス」。景気を見るモノサシでもある。株式市場全体が下がればインデックスが上がり、全体が下がればインデックスが下がる。

このインデックスと同じ動きをするよう設計されたのが「インデックス・ファンド」だ。

「日経平均」と同じ値動きをするよう225銘柄の株式が入っていて、株式相場全体が20％上がれば、ファンドも20％値上がりし、相場全体が10％下がれば、ファンドも10％下がる。

シンプルでわかりやすい。

1万円で225銘柄を買えるから、*1銘柄だけを買うよりずっとリスクが小さい。

＊「日経平均株価225種」を指標とするファンドの場合。それ以外に「東証株価指数」などの指標もある

ずばり、初心者はこのインデックス・ファンドを、毎月1万円ずつ積み立てるべし。

❄お金のことが得意なら「ネット証券」で買う

次。「どのお店でインデックス・ファンドを買うか」を決める。

投資信託はどこで買えるか知ってる？

証券会社か、銀行だ。

あなたがお金のことが得意でフットワークが軽いなら、「ネット証券」に口座を開こう。投資信託の種類が多く、手数料も安い。ネットで24時間取引ができる。

わからないことは、コールセンターにどんどん問い合わせよう。おどろくほど親切だ。ネット証券はいろいろあるが、初心者にやさしい投資信託の品ぞろえの多いところがいい。個人的にはマネックス証券をおすすめしたい。

✡ ハードルが高いなら、銀行の「投資口座」で始めよう

「お金が苦手！　ネット証券で口座を開いたり、ネットで投資をするなんて無理！」という人は、銀行へ行こう。

すでに口座を持っている銀行に「投資口座」を開いて、ファンドを買おう。ネット証券に比べると、インデックス・ファンドの種類は少なめで手数料も高め。だけど、大切なのは取引を始めることだ。百点をめざさず70点でＯＫ。

銀行が空いている時間になんとか窓口へ行き、

「日本株のインデックス・ファンドの積み立てを始めたいんですけど、月1万円で」

と相談しよう。

持っていくものは、通帳、印鑑、身分証明書。マイナンバーも控えていこう。

1時間前後で、説明、口座開設、積み立ての手続きまでできるはずだ。

このとき、わからないことは、わかったふりせず「え、それなんですか」「わかりません」と、ぜーんぶ聞こう。はずかしがらない。

苦手なことって、何がわからないか、何を質問したらいいかもわからないものだから、これが絶好の機会。聞くは一時の恥、聞かぬは一生の損！

その銀行でオンライン取引の手続きをすれば、銀行でもネットで24時間取引ができるよ。

勇気を出してこの一歩を踏み出せれば、人生が明るくなる。

さあ、口座ができた。

日本株のインデックス・ファンドをひとつ選んで（お店によっては複数ある。大差ないのでどれでも大丈夫）、毎月1万円の積み立てを開始だ。

積み立て日は「給料日の翌日」にしよう。

20代、30代で投資を始めるべき理由

投資をすると、経済や世界の動きが実感として感じられるようになる。

たとえば、「株が上がった／下がった」「日銀が××をしたため」「○○大臣の発言のため」というニュースは、多くの人にとって自分には無関係に感じられる。目にも耳にもとまらないかもしれない。

でも、日本株のインデックス・ファンドを持っていれば、それは自分の財産を増やしたり減らしたりする原因だから、いやでも頭に入ってくる。

つまり、政治や金利や為替や世界の変化を、身をもって感じられるようになる。社会の動きが見えるようになる。ということは、世の中を生き抜く力が強くなることだ。

この力、大切。投資で損をしても、生き抜く力が増せば元は十分取れる。

✲これが投資の第一歩。そして二歩目は……

銀行やネット証券で、日本株インデックス・ファンドの自動積立を始めたら、半年か1年ほど様子を見てみよう。

その間に、日本の株式相場は上がったり、下がったりするはず。

それが自分のファンドの値段（基準価額）にどう影響するか見てみよう。

自分の心や体が、どう反応するかも見てみよう。上がっても下がってもなんともない人もいれば、数パーセントの値動きに一喜一憂して眠れない人もいる。

積み立てで買えば「ドルコスト平均法*」という高度な投資手法が働くので、大儲けにならない反面、大きく損することもない。

*価格が高いときに少なく、低いときに多く買うことで、購入平均単価を低くおさえる

コツコツこつこつ資産をつくっていくことになる。

20代や30代で投資を始めて数年は、投資を実際に経験して「ファンドがどんなものか」体感することが目的。投資の第一歩というわけ。

「日本株インデックス・ファンドを、毎月1万円ずつ自動積立する」

というミッションを果たすには、金融機関選び、投資用語、税金のこと、ネットでの取引方法、ネットやその他の手段でファンド価格チェック、などいろいろなハードルを越えることになる。

お金に苦手感のある人には、簡単なことじゃないが、お金が得意な友達、銀行窓口、コールセンターに助けてもらって、ぜひぜひ、この一歩を踏み出して欲しい。

これができるかできないかで、あなたの人生はまったく違ったものになる。

あなたのお金と、世界の経済や政治がつながっているのを体感できるから。

世界が広がって、世界を見る目が変わる。

顔が変わり、ボキャブラリーが変わる。

訪れる場所が変わり、新しい種類の友達が増える。

一歩目が踏み出せたら、二歩目はそれほど難しくない。

そして第4章で話すけど、老後資金づくりには投資が欠かせない。だからこそ早いうちから投資力をつけたいのだよ。

初心者が手を出してはいけない投資&女子が好きな投資の弱点

「女性こそ投資をしよう！」と声高々とおすすめしているが、投資ならなんでもいい、というもんじゃない。

素人は、リスクが大きすぎる投資をしてはいけない。リスクが大きいとは、逆に言えば、「期待できるリターン（利益、儲け）が大きい投資」。ハイリスク・ハイリターン投資の代表は、「借金をしての投資」だ。

次のようなものがある。

×ＦＸ取引（外国為替証拠金取引）
×株式の信用取引
×商品の先物取引
×ワンルームマンションなどの不動産投資

たとえば、FX取引。「いまより円が上がるか下がるかを予想して外国の通貨を買う取引」のことで、「1倍」から「25倍」までの倍率を自分で選んで投資する。たとえばアメリカのドルが上がると予想して10万円で米ドルを買う。
10万円で20倍、200万円分（1ドル100円として2万ドル）の米ドルを買い、米ドルが1ドル110円に10％値上がりすると、20万円の儲け。元手が10万円だから、200％の利益。投資したお金が10％の為替変動でなんと3倍になる。すごい。うまくいけば。

逆に、ドルが値下がりして1ドル90円になると、20万円の損。元手を10万円しか出していないので、どこかから（貯金からか借金してからか）10万円を調達して払わなくちゃいけない。おそろしい。

ワンルームマンションの不動産投資も、、、、、、ローンを借りての投資はリスクが高くお勧めしない。空室になると家賃が入らず、ローン支払いを自分の収入や貯金から出すことになる。物件が値下がりしたときのダメージも、ローンが多いほど大きくなる。

投資ビギナーは順調に利益が上がると、もっと儲かりそうなハイリターン・ハイリスクの投資をやってみたくなる。だけど、「私は投資が好き、投資のセミプロ、なんでも聞いて！」とセミナーの講師を務めるくらい、本を一冊書けるくらいの知識がなければ、これらの投資には手を出すべきではない。

一般ピープルなら、投資信託を活用するだけで十分な資産形成ができる。

✲女性が好きな「純金投資」の弱点

「投資や金融は苦手」という女性でも興味を持ちやすいのが「金《きん》投資」だ。

金利とか為替なんて、見たことも触ったこともない。でも金は見られる、触られる。その金を買うことが投資になるなら、やってみたいと思うのは自然かもしれない。

金の価格は毎日変動する。1980年に1g6000円以上をつけたのが2000年には1g1000円前後になり、いま（2016年）は4000円台で動いている。

株式や外貨預金以上にリスクが大きいのが金投資だ。手数料も高いので、金で利益を出すのは投資信託に比べてはるかに難しい。資産づくりというよりも、万一に備えて、戦争や国外逃亡に持つのに適していると私は考えている。

金投資には、大きく分けて次の3つがある。

①金の現物（金地金《きんじがね》）を買う……金地金には5g～1kgまでいろいろある。売りと買いの値段差（手数料にあたる）は2％前後。

②コイン……純度99・9％の地金型コイン。約3・1g～約31gまでいろんなサイズがある。「かわいい」「手に持てる」「ペンダントにできる」といちばん身近な金投資。ただし売買手数料が9～10％かかるから10％以上値上がりしないと損をする。

③純金積立……金を毎月1万円ずつなどと買っていく方法（現実には毎日）。ある程度貯まったらコインなどで受け取ることもできる。

金は株式などとは違う値動きをするので、ほかの投資をしながらオプションで「純金積立」を加えるという手はある。「コイン」は逃亡用に。

✲女性が好きな「外貨預金」の弱点　高い手数料と低い金利

ほかの投資は敬遠する女性が、「外貨預金」はやってみたいということが多くて面白い。何度か海外旅行を経験すると「米ドルなんかの外貨は身近に感じられるし」「日本より海外のほうが金利が高いらしいし」という理由からだろう。

でも、実は外貨預金は、投資としてはあまり「うまみ」がない。為替手数料が高いし、金利は世界的に低くて（2016年現在）当分変わりそうにないから。

たとえば米ドル預金。1年定期預金の金利は0・2％（2016年11月）。これに対して、為替手数料が大手銀行で約2％。利息から手数料を差し引くと明らかにマイナス。もう少し金利が高い通貨もあるが、手数料がもっと大きいので差引マイナスになる通貨が多い。

どうしても外貨預金をやりたいなら、手数料の安いネット銀行で、毎月積み立てで（買う時期を分散して）リスクを小さくするやり方をおすすめする。

投資を国外に分散させるためには、むしろ「投資信託の外国株」「外国債券」をすすめたい。外貨預金より期待できるリターンが大きくて、為替手数料が割安だからね。

❄デパート積立、旅行積立（これは貯金じゃないよ）

女性に根強い人気があるのがこの2つの積み立て。でも、これを「将来のための貯金」と勘違いしてはいけない。半年~数年後の消費のために、お金を取り分ける商品だ。

「デパート積立」は、多くの百貨店が「〇〇友の会」などの名前でやっている。

たとえば毎月1万円を積み立てると、12か月後に13か月分（つまり13万円分）の買い物カード（金券）をもらえる仕組み。金額で考えると超お得だ。それ以外に、会員専用のサービスや割引なども充実している。ひいきの百貨店があって、特定のブランド商品やお中元やお歳暮に必ずその店を使う人には、使い出がある。

「旅行積立」は、旅行会社や航空会社などが販売している。

積み立て期間は6か月から2年ほど。一括払いコースもある。満期になると利息に相当する「サービス額」がプラスされた額の商品券（旅行券）を受け取る。

銀行預金の金利がほぼゼロなのに対して、旅行積立のサービス額は1年あたり数パーセントとお得。積み立ての目標が旅行という人や、利用する会社が決まっている人なら考えてもいいだろう。

ただし、繰り返すが、これは「ちょっと先の消費のための取り分け」だ。将来のための15%貯金は、これとは別にかならず積み立てるべし。

Column

情報に気をつけろ！　お金上手になって しなやかに生き抜くために

いろいろな情報があふれていて、ともすると、私たちはその中で溺れそうになってしまう。なかでも、お金の情報についてはとくに気をつけなくてはいけない。断片的な情報と不完全な知識では、まちがった決断をしてしまうから。

お金の情報には、必ずいくつかの条件がついている。その一部が欠けると危ない。

たとえば、いま会社員に人気の「中古マンション投資」。

①不動産がこれから値上がりする地域で、
②管理がよく、
③入居者の人気が高くてほとんど空室にならず、
④現金でも買えるけど節税効果を考えてローンを組んで、
⑤程度のよい中古を、
⑥適正な値段で買えれば、とてもいい資産づくりになる。

でも、そのうちひとつでも欠けた場合……。

①買った後に値段が下がり、
②管理が悪く、
③空室になって家賃が入らない時期があり、
④十分な資金がなくてローンを組み、
⑤割高の新築か、状態の良くない中古を、
⑥相場より高い値段で買ってしまうと、その運用は失敗になって、大損をしてしまうリスクがある。おそろしい。

特に大きなお金の決断をするときは（家の購入、保険の加入、投資など）ひとりで決めず、必ず専門家に相談しよう（家族や友人の素人アドバイスは危険！）。十分な基礎知識の上に、最新の情報を集めて、そして最終的な決断をすることが大切だからね。

Part 4

ゆとりある「老後資金」の貯め方

老後ってどんなもの？
親が亡くなったその先を考えてみる

20代、30代で考える「老後」は漠然としていて、不安もまだマシュマロみたいにふわふわしていて、たぶん現実がまだ見えていない。

もう古典と呼んでもいい、上野千鶴子著の『おひとりさまの老後』などを読んで、イメージを膨らませてみよう。現実的でありつつ悲観的じゃないところがいいよ。

老後の心配は、お金だけではない。

誰もが向き合うことになるいちばん大きな不安は「ひとりになる」ということだ。

30代、40代は、まだたいてい親が生きている。

しかし50代、60代で、多くの人は親を亡くす。

シングルで暮らしてきた人が、親を亡くすということは、家族と呼べる人がいなくなることだ。配偶者や子どもがいても、先立たれることもある。

親が亡くなるころには、叔父や叔母も世を去っているか、そろそろだろう。

きょうだいや姪・甥がいたらいいが、きょうだいのない読者もいるだろう。

長生きするということは、家族や友人にどんどん先立たれることでもある。苦行だなあ。

家族がいなくなった世界を、ひとりで生きていくことになったとき、自分にとって大切なもの、自分を支えてくれるものはなんだろう。

□経済的な安心は欠かせない。　↓【お金】

□安心で快適な住まい。　↓【家】

□家族以上の人間関係がほしい。　↓【友達】

□生きている充実感をもっていたい。　↓【仕事】【ボランティア】

□いろんなことをして、生きていることを楽しみたい。　↓【健康】

□大切なものを失っても、どんな問題が起こっても、受容できる強さと優しさをもちたい。　↓【スピリチュアル（信念、宗教、哲学）】

どれも一朝一夕には手に入らない。いまから心しておきたいね。

✻自分の老後を想像せよ

老後のことを考えるのに、いちばん大切なのは想像力だ。

だって、いまは社会の変化が早くって、5年後どころか3年後、1年後に日本が、仕事が、自分がどうなっているのかを予測するのが難しい。

それだから「老後」という30年後、40年後を思い描いて備えるためには、想像力を働かせなくては。

いま30代の女性が、30年以上先の老後を不安に思うって、どういうことだろう？

アジアの一部の国では、10代の女の子が売春で家族の生計をたてている。

「エイズが怖くないんですか」というジャーナリストの問いに「エイズになっても何年かは生きられるでしょ。今日身体を売らないと、明日の家族の食べ物がないの」と答えたという。

「30年先のお金や暮らしを心配できるというのは、かなり恵まれている私」ということを知っておきたい（知っていると、何かのときに何かの行動を起こせると思う）。

では、早速、想像力を使いましょう。

65歳で退職するときの、あなたはどんな感じだろう。

いまどきの65歳は、腰も曲がっていないし、肌はつやつやだし、髪をカラフルに染めて、おしゃれも巧み。まだまだ世の中で、現役で働ける。とはいえ、会社勤めの人はいったん、退職する可能性が高いだろう。

家を買った人は、この年までには住宅ローン（月7万円くらい）を返し終えている（ローンを組むときは65歳までに返し終えるプランにすることが大切だ）。

だから、生活費の大部分は公的年金でまかなえるはず。生活費17万円として、年金額が12万円くらいのイメージかな（会社員の年金額は、現役時代の平均手取り収入の約40％）。元気な65歳のシングル女性は、無職にはならないはず。何かしらの仕事を続けているだろう。マイペースで楽しんでできる仕事。月10万円くらいの収入かな。

年50万円くらい貯金してもいいし、貯金しないで、習いごとや旅行を楽しんでもいい。このペースで75歳くらいまでいっちゃおう。

そして75歳。そろそろ引退を考えてもいいし、元気ならもちろん、働き続けてもいい（宇野千代さんのように、森光子さんのように）。もうお金は稼がなくていいし、貯めなくていい。公的年金とそれまで貯めたお金で90歳、100歳まで楽しく生きよう。

こんなプランを実行するのに必要なのは、好奇心と元気な身体と心。

こう考えると、「老後プラン」というのは、お金の貯め方というより、仕事力や好奇心、体と心の健康のことが先だと思えるだろう。

体と心をすり減らして毎月10万円貯めるより、貯金ゼロでも楽しく働き面白く暮らすほうがずっといいかもしれない（ただし、貯金をくずしたり借金をしたりするのはだめ）。

退職したある牧師さんは、家賃がタダの田舎の古い家に住んで小さな畑を耕している。収穫した野菜や果物は、みんな知り合いにあげてしまう。病人がいると聞けば、車をとばして北海道から九州までお見舞いに行く。車は誰かから譲り受けた。貯金はないけど生活には困らないそうだ。

不安のもとを知っておこう「公的年金制度」のキホンのしくみ

いちばんタチの悪い不安は、「その正体がわからない」ってことだ。

体調がどんどん悪くなっていくとき、原因がわからないと底なしの不安に襲われる。

むしろ「○○がんです」と診断されたほうが、これから何をすればいいか、対策を考えられるから不安が軽くなる。


老後の不安のひとつの原因は、「年金のことがわかってない」こと。

知らないことを怖がってもしょうがない。意味がない。

大人は不安から逃げない。向き合ってその正体を見つめるのだ。

年金制度がわかれば（それだけで問題は解決しないけど）、気持ちはずっと明るくなる。


というわけで、ここで簡単な年金講義を。

❁自営業は「国民年金」、会社員は「厚生年金」

日本は国民全員が、年金制度に入ることになっている。「Ⓐ国民年金」だ。20歳以上の学生、フリーター、自営業者など。保険料は自分で納める。専業主婦は保険料を払わないでよい。

会社員は、国民年金に加えて「Ⓑ厚生年金」に入る。これは強制加入で保険料は「Ⓐ」の分と合わせて給料から自動的に天引きされる。公務員は会社員に準ずる。

❁国民年金からの年金は65歳から年78万円

そういうわけで、65歳になると、自営業者や専業主婦は、国民年金から「ⓐ老齢基礎年金」を受け取る。

金額は（20歳から60歳まで40年間、保険料を払った人で）一律、年78万円。月額にすると6万5000円くらい（2016年現在）。

❁会社員の年金は、現役の手取り収入の40％

会社員は、65歳から先の「ⓐ」にプラスして「ⓑ老齢厚生年金」を受け取る。

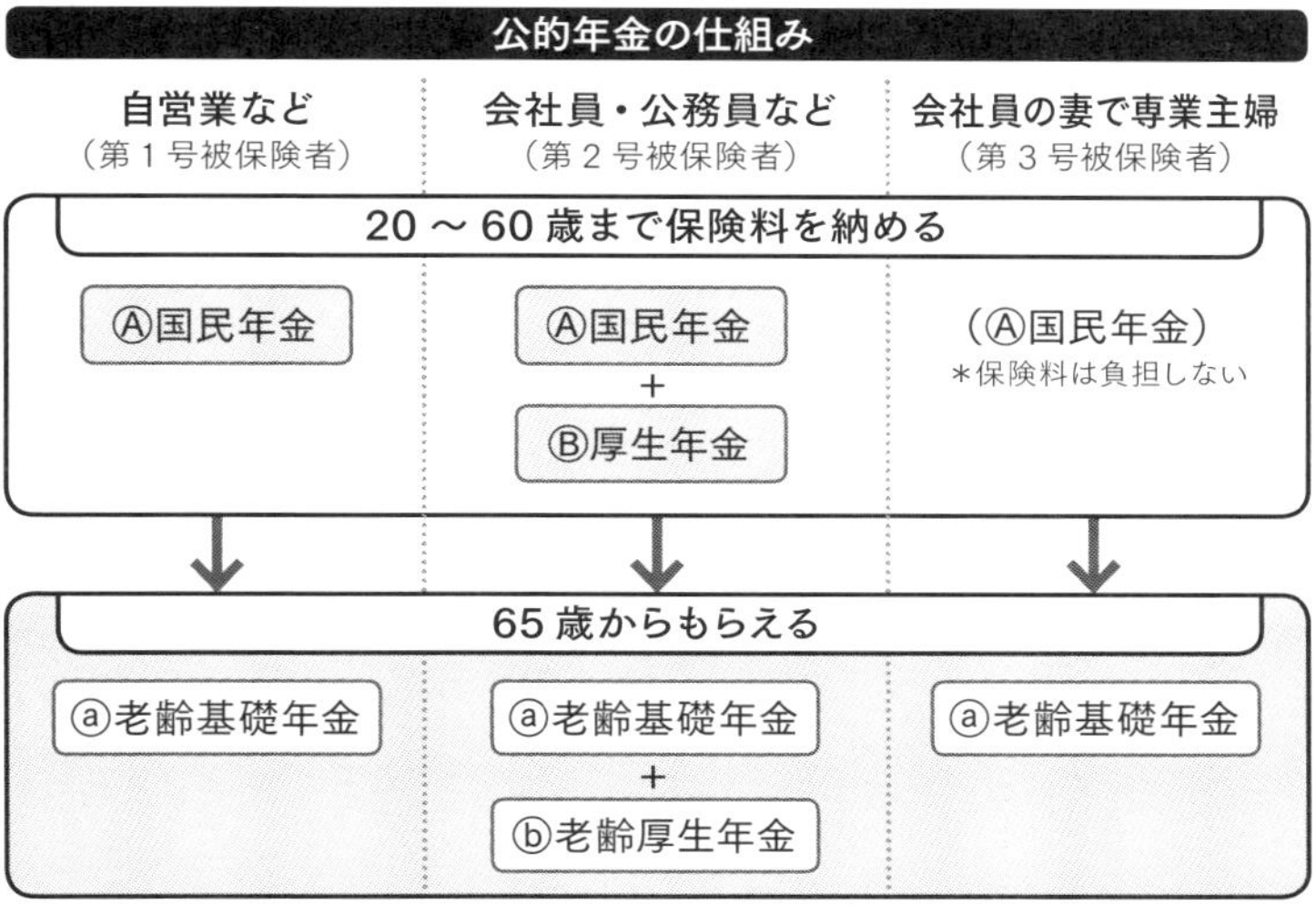

こちらは一律ではなく、現役時代の給料に応じて変わる。

細かい計算式があるのだが、ものすごく大雑把に言うと、ふたつ（「ⓐ」「ⓑ」）の年金を合わせて、現役時代の平均手取り年収の約40％。年収300万円だった人は、年120万円。月額にすると、10万円。

年金制度は、人口や景気によって毎年見直されているけど、まず、この金額を知っておきたい。

❄転職すると年金も変わる

20歳になると「Ⓐ国民年金」に加入する（学生や無職で収入がないと、手続きをして保険料の支払いを猶予してもらえる）。

学校を卒業して会社員になると、自動的に「Ⓑ厚生年金」（＋「Ⓐ」）に加入する。

転職して別の会社に移っても、そこで「Ⓑ」を続ける。

退職して、フリーランスになると「Ⓐ」だけになる。

その後、会社を設立して社長になると、「Ⓑ」に加入する。

仕事を変わっても、「Ⓐ」には40年間加入するのが義務なので、だれでも65歳から「ⓐ老齢基礎年金」部分の年78万円はもらえる。義務を果たしていれば。

あとは、会社員の期間がどれだけあったか、そのときの給料がいくらだったか、によってトータルの年金額が決まる仕組みだ。

❄専業主婦は特権階級である（専業主夫も）

会社員か公務員と結婚して専業主婦になると、「Ⓐ」の「第3号被保険者」という特権階級になる（国民年金保険料を払わずに、払ったこととして将来の年金が計算される。詳しくはP86参照）。

これは、不公平な悪しき制度なので、この階級には憧れないように、早くなくしてしまいたい。

✧ ねんきん定期便をチェックしよう

そういうわけで、学校を卒業してから、ずっと同じ会社に勤め続ければ、年金の見積もりは難しくない。

でも、いろんな仕事を転々としたり、海外に住んだりすると、わけがわからなくなる。

そんなときに頼りになるのが「ねんきん定期便」。

年に一度、誕生月に日本年金機構から送られてくる。

「これまでに入った年金の記録」が書いてある。

その実績に基づいて「受け取る年金額」も書いてある。

過去には、いろんな記録の間違いが発見されて大騒ぎになったこともあるので、記載モレで年金額が減らないように、きちんとチェックしよう。

50歳以上になると、ねんきん定期便の情報に「もらえる年金額の予想金額」がプラスされる。

これは、退職後の暮らしやお金を考えるときに役に立つ数字。忘れずにチェックしよう。

FPに老後資金の相談に行くときは、ねんきん定期便のハガキを持っていくと、より具体的なプランが立てられるよ。

年金のしくみを知る。自分の年金額を知る。

知らないで、むやみに不安になって、むやみに貯めても、いい結果にはなりません。

安心老後のために退職までにいくら貯めればいいか？

答えは人によってさまざま。
だから、世の平均、人様《ひとさま》の貯金を気にせず、比べないで、自分のケースで考えること。
これが大切。大人の技だ。自分のケースで、自分の年収と生活を基準に考える。

✲ 退職後の生活費は現役時代の60％ですむ

「45歳現在、手取りが月28万円（手取り年収336万円）、住宅ローンで自宅を購入した女性」の例で考えてみよう。

- 住宅ローンの支払いが7万円
- 貯金にまわす額が4万5000円
- 保険の支払いが5000円、とする。計12万円。

とすると、退職後は、これらの支出&貯金にまわす額はなくなるので、毎月の生活費は16万円となる。

実は、仕事がらみの出費（仕事服代や交際費）が減るので、もっと少なくても大丈夫だけど、それをプライベートの充実にあてたい。

現役時代の手取りが月28万円だったのに対し、退職後にかかる生活費は月16万円。つまり、退職後に必要な生活費は、現役時代の収入の約60%ですむということ。

彼女の予想年金額は、11万2000円（現役時代の手取り収入の40%）。

実際に必要な生活費に対し、月4万8000円（年間で約58万円）足りない。

年金だけでは足りない生活費の額は、65歳から90歳までの25年間で、計1450万円。

つまり、これが「65歳までに貯めたいお金」。彼女の場合で年収の「4・3倍」だ。

退職後をもっと優雅に、車を買い換えたり、家をリフォームしたり、海外旅行に行ったりしたいなら、この生活費にプラスして「ゆとり費」を貯めればいい。これを加えると年収の5倍くらいかな。

でも、こんな手もある。

前にも提案したけど、65歳でいったん退職して、フルタイムワークから退いても、まだまだ楽しく働いて、月5万～10万円くらい稼ぐ。10年間くらい。

こうすれば、生活費のために貯金を使いはじめるのは75歳からになるから、75歳から90歳までの15年分の生活費があればいい。

年収の「2・6倍」、このケースだと1130万円。

ね、こう考えると、そんなに怖くないでしょう。

アメリカでいつも買い物するスーパーマーケットのキャッシャーに、笑顔の素敵な白髪の女性がいた。

「おいくつですか？」「83歳よ」「週に何日働いていらっしゃるの？」「1日7時間、週5日。働き続けるのが元気の秘訣よ」

にこにこ。かっこよかったなあ。

大切なのは「コツコツ」「15％」貯め続けること

老後のためには年収の5倍貯めればいい。じゃあ、どうしたらいい？

とっても簡単だ。

□手取り年収の「15％」を貯め続ける。
□自宅を買うときは、そのうちから「年収の1・5倍まで」を使う。
□それ以外には使わないで「65歳まで」貯め続ける。

そうすると、25歳から65歳までの40年間で「年収の6倍」貯まり、自宅購入のための「年収の1・5倍」を引くと4・5年分が残る。

退職金を、少なめに「年収1年分」と見積もる（年収300万円の人で退職金300万円）。

そうすると退職のときに手元に残る貯金は、「年収5・5年分」だ。

自宅を買わなくても、親から譲り受けられる人、退職金がもっと出る人はラッキー。その分は「ゆとり費」「楽しみ費」にあてればいい。

退職金がない人や少ない人は、貯金を「17％」にするか、家を買う場合の予算を少し下げるかで調整すれば大丈夫だ。

ね、大丈夫そうでしょ？ ここで大切なのは、①「65歳まで」働き続けること。②「15％」を貯め続けること。このふたつだけだ。

✲ 15％貯められない人へ

「あなたが貯金できない理由」（P45）で書いたけど、原因は「収入が低すぎる」、または「出費が多すぎる（家賃とか）」のどちらか、あるいは両方。

収入が低すぎるなら転職するなど、上げる努力を。一生のキャリアを見すえてね。

家賃が高すぎる、保険料が、通信費が、交際費が、おしゃれ費が高すぎるなら、1日も早く思い切った対策を実行しよう。

老後資金は、ただの預金でなく投資で貯めるべし

老後資金の鉄則「①65歳まで働き続けること」「②15%を貯め続けること」に、ここでもうひとつ加える。

③投資で貯める（増やす）

老後資金づくりって、長い長い時間をかけて、40年、50年かけて貯める。ということは、1%や2%の「利回り*」の違いが、大きな大きな金額の差になって現れる。

*「利回り」とは……ある期間につく利息を1年あたりの割合で表したもの。1万円に2年で300円の利息がついたら（年平均）利回りは1・5%

たとえば、毎月4万5000円を40年間貯めるとする。

銀行預金だけで貯めると、金利は、ほぼゼロ（2016年現在）。
「金利ゼロ」だと、40年後の貯金の合計額は、2160万円だ。
途中で家を買うのに使えば、実際の残高はもっと少ない。

一方、少し投資を取り入れて「利回り2％」で運用できたとする。
すると、同じ金額（毎月4万5000円）を貯め続けて、40年後の残高は、
3305万円。1000万円以上の差！

もっと投資を研究して、実行して成功して「利回り5％」で運用できたとすると、
40年後の残高は、6867万円。なんと4700万円の差！

投資には、損をするリスクもある。
だけど、40年という長期。
いくつかのシンプルなテクニックを使えば、損をするリスクを限りなく小さくして、
「利回り2％」や「利回り5％」で運用できる可能性はぐんと高くなる。

運用金利差でこれだけ変わる

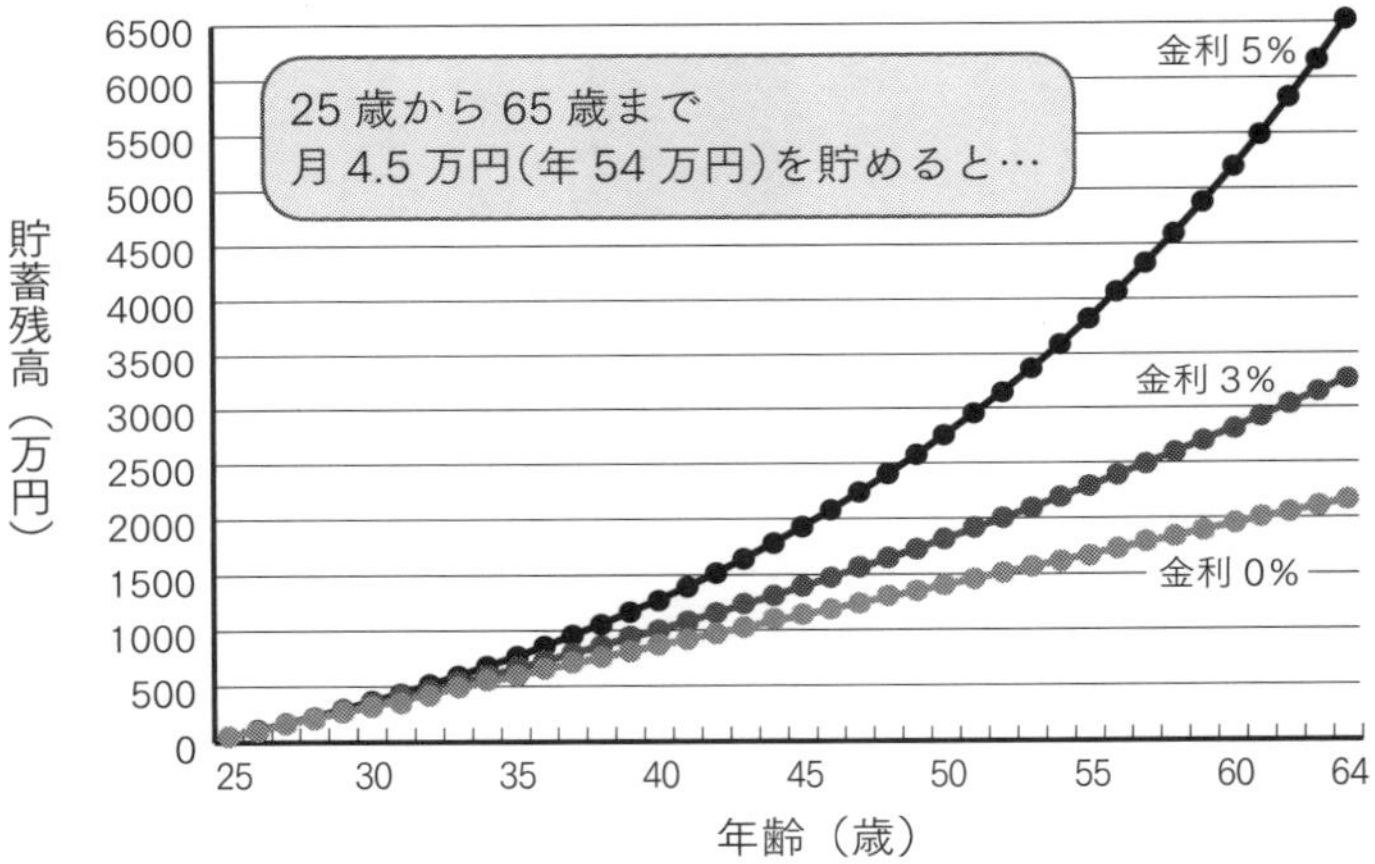

投資をするかしないかで、老後資金に数千万円の差がつくのだよ。

それでも、

「よくわからないから」

「なんとなくこわいから」

といって、銀行預金だけで貯め続ける?

ほんとの大人はリスクをむやみに怖がらない。

リスクを見つめて、その価値があると思ったら、迷わずリスクを取る決断をする。

老後のために貯めるのは40歳からでいい

「始めるのは早ければ早いほどいい」という考え方がある。

バレエ、バイオリン、水泳、卓球、ゴルフ。3歳くらいから英才教育を受けて世界的なプロになる人もいる。すばらしい！

だけど、3歳から18歳まで「〇〇漬け」で生きて、ものにならなかったらどうするんだろ。〇〇以外知らない人生って、怖い。

投資（お金の運用）もそう。

理論的には、1年でも早く貯めはじめるほうが効率はいい。複利でどんどん増えるから。

たとえば「65歳までに老後資金として1500万円貯めたい」という場合。

40歳からスタートするなら、月々の積み立ては3万8600円必要。

30歳からスタートするなら、月2万4700円必要。

25歳からスタートするなら、月2万5000円必要（いずれも金利2％の場合で計算しています）。


じゃあ、25歳から月2万円を、65歳以降のために貯める？

いやいや、20代、30代では、その前に「やっておきたいこと」「やるべきこと」があるんじゃないか。

勉強とか、旅行とか、冒険とか、恋愛とか、留学とか、遊学とか、結婚するとか、子どもを育てるとか、家を買うとか。ないとおかしい。

老後のための貯金が早すぎると、生きる目的、働く目的、貯める目的が「老後の悠々自適生活のため」だけになって、65歳までは「退屈・がまん・あくび生活」になりかねない。

✲ 貯めはじめるのは40歳から。早すぎるのはよくない

というわけで、老後資金を貯めはじめるのは「40歳から」がおすすめ。

早すぎても遅すぎてもいけない。

40歳を過ぎている読者で「まだ」という人は、この章を読んですぐに貯めはじめよう。

40歳から何で（どの金融商品で）貯めるか。

これを検討するとき、20代、30代で経験を積んだ投資の知識が生きる。

もちろん「ファンド」で貯める。それに、プラスもうひとつ工夫。

次の第5章にでてくる「確定拠出《きょしゅつ》年金」を使おう。

Column

フリーランスや自営業は ちょっと早めから積み立てを

長年、FPとしてお金の相談を受けていると、面白いことに気づく。

老後のお金の心配が大きいのは、①公務員、②会社員、③自営業、の順。実に、いちばん年金制度が充実している順番だ。「心配性で確実なことを好む人」が公務員になって、「楽観的でリスクをとることを恐れない人」が自営業になるんだな、きっと。

たしかに自営業やフリーランスは、30年後より、今月、今年、来年が大切。ビジネスを成功させて「年収1000万円」→「3000万円」→「5000万円」→「1億円」になれば、老後のお金は大丈夫だ。

だけど、だからといって老後に備えなくていいわけじゃない。会社員に比べて、公的年金が少ない分、退職金がない分を、少しずつ貯めていこう。収入が増えたら貯金も増やす。

会社員は強制的自動的に「厚生年金」に入っているから、「国民年金」だけの自営業者より余分に保険料を払っていて、その分もらう年金も多い。自営業やフリーランスは、その分を補うつもりで、将来のための「手取り15％貯金」にプラスして、20代、30代でも月1万〜2万円を積み立てていきたい。

「個人型確定拠出年金」（P104）は、自営業者は月6万8000円、年間81万6000円を積み立てられる。40歳からは、本格的にこれを始めよう。

それに加えて、自営業者の退職金作りを応援する「小規模企業共済」（国の制度）がある。これは運用ではなく元本保証タイプ。いくら積み立てるといくらもらえるという約束がある。投資経験がなくてもすぐ始められる。掛け金は全額所得控除になり、積み立てた額を60歳以降に、年金や退職金で受け取る仕組みで税金が有利。掛け金の上限はやはり月6万8000円。自営業者だったら使わないと大損だ！　詳しくはウェブサイトをチェック。

http://www.smrj.go.jp/skyosai/index.html

Part 5

「確定拠出《きょしゅつ》年金」で
安心老後を
手に入れる

老後資金づくりはいまホットな「確定拠出《きょしゅつ》年金」で

「個人型確定拠出年金」は、2016年くらいからホットな話題になりはじめた。

「確定拠出年金」には「企業型確定拠出年金」（舌をかみそうなので以下、「企業型」）と、「個人型確定拠出年金」（以下、「個人型」）がある。

「企業型」は、導入している企業とそうでない会社があるので、勤務先が導入していれば加入できる。掛け金は原則、企業が支払い、年金は退職後に従業員が受け取る。

「個人型」は、自分で掛けて自分で受け取る年金。これまでは主に自営業者のための制度だったから、会社員だとあまり使えなかった。これが、2017年から会社員や専業主婦・主夫でも使えるようになった。

✲ 老後にターゲットを定めたファンド積み立て

「確定拠出年金」は、「確定給付年金」に対抗する言葉。

後者は、「加入していたら約束された額の年金をもらえる」という旧《ふる》いタイプの年金。

一方、いい時代が終わって株や金利が下がり、約束額を守れなくなったので、このシステムをやめ、「決まった額を積み立てたら、それを運用した分の年金をもらえますよ」というのが、いまどきの「確定拠出年金」だ。

「責任をとらないタイプの年金」ともいえる。


つまり、「個人型」は、毎月2万円ずつ積み立てても、

「運用がうまくなかったAさんがもらえる年金額は、50万円」

「成功したBさんがもらえる年金額は、１００万円」

ということにもなりえる。


「個人型」に加入できる人と、積立額の上限は、次のページの通り（正確には「個人型確定拠出年金」のウェブサイト http://www.npfa.or.jp/401K/ をチェックしてください）。

◎自営業者、フリーランスなど……月6万8000円まで
◎勤務先に「企業年金制度」*のない会社員……月2万3000円まで
◎勤務先に「企業年金制度」がある会社員**……月1万2000円～2万円まで（会社の制度による）
◎専業主婦など**……月2万3000円まで

＊「企業年金制度」をもつ会社には以下の3パターンがある。①「企業型確定拠出年金」のみ、②「確定給付企業年金」のみ、③「企業型確定拠出年金」と「確定給付企業年金」両方
＊＊2017年からスタート

✲「個人型」のメリット

「個人型」は「60歳まで積み立てて、その分を60歳以降に、年金または一時金で受け取る」という仕組みだけど、「個人型」を使わずとも証券会社や銀行の「投資信託」を使って自分で積み立て、受け取りはできる。

でも、「個人型」の魅力は、積み立てるときも受け取るときも、税金面でとても有利になるということだ。

◎メリット① 積み立てているとき……掛け金が全額、「所得控除《しょとくこうじょ》*」になる

*所得控除とは…その分を税金の対象になる収入から差し引くこと

◎メリット② 受け取るとき……「一時金」で受け取ると「退職所得」となり、一般の投資より儲けにかかる税金が安くなる。「年金」で受け取ると「雑所得」となり、「公的年金等控除」が適用されるため、一般の投資より有利。

税金が安くなるといっても、ピンとこないかもしれないが、たとえば「所得税率10%の人が、年24万円を個人型で積み立てる」と、所得税と地方税（10%）と合わせて４万８０００円、払う税金が少なくなる計算。これが20年間だと96万円！

受け取り時も、通常の投資なら儲けに20%の税金がかかるところが、はるかに少なくてすむ（場合によっては儲けの税金ゼロにもなる）。

これは、使わない手はないね！

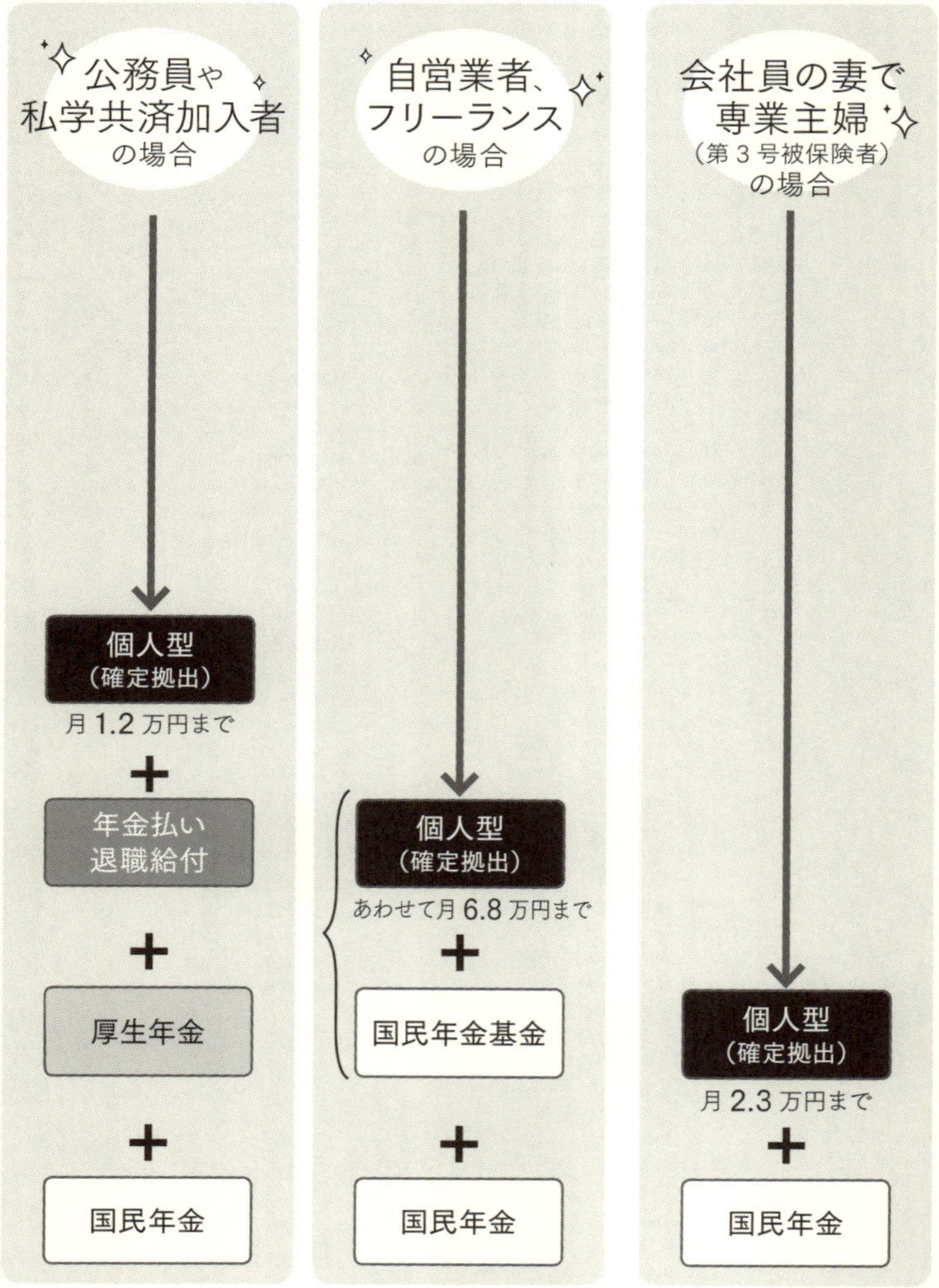
公務員や
私学共済加入者
の場合
個人型
（確定拠出）
月 1.2 万円まで
年金払い
退職給付
厚生年金
国民年金
自営業者、
フリーランス
の場合
個人型
（確定拠出）
あわせて月 6.8 万円まで
国民年金基金
国民年金
会社員の妻で
専業主婦
（第 3 号被保険者）
の場合
個人型
（確定拠出）
月 2.3 万円まで
国民年金

あなたはどのタイプ？　「個人型」への加入チャート

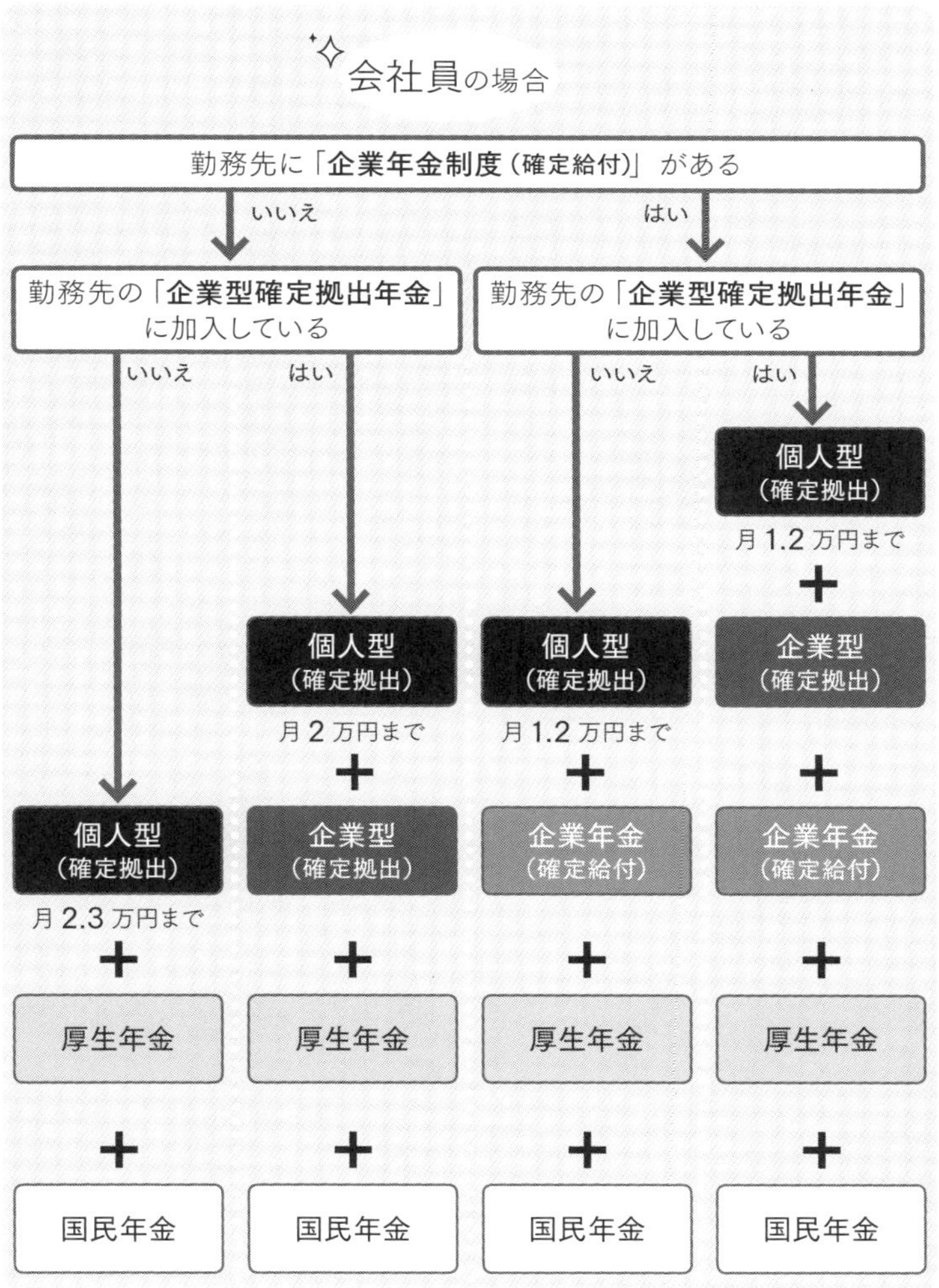

「個人型確定拠出年金」こうして始める！ これを買う！

第3章で「インデックス・ファンド」の解説をしたが、投資をしたことがない人にとって「個人型」を始めるまでのハードルは、実は「インデックス・ファンド」より、もう一段高い。でも、めげないで。ひとつずつ答えを出していけばいい。

まず、どの金融機関で始めるか？

「確定拠出年金」は、すべてのメガバンク、ゆうちょ銀行、そして多くの地方銀行で買える。信用金庫でも買える。一部の保険会社、信託銀行でも買える。意外なことに、証券会社は少なくてわずか4社だ（2016年11月現在）。

お店（金融機関）によって、品揃え（どんなファンドを売っているか）、値段（口座開設や口座管理の手数料）が違う。

野菜と同じ。自分の買いたいものがあって、値段が安いところを選べばいい。

この本ではページ数の関係で、詳しいことを書けないが、ウェブで探すと、どの金融機関がおすすめか、品揃えがどうか、手数料がどうか、という比較サイトがいろいろある。指南本もいろいろ出ている。

情報は常に変わるので、最新情報をチェックしよう。

ただし、情報を読みこなすには、投資経験がないと無理。

「インデックス・ファンド」での投資をまだ始めていない人は、「確定拠出年金」よりも前に、まずこのインデックス・ファンドの自動積立を始めるべし。そうすれば、日本株のほかにどんな種類のファンドがあるかも、おいおいわかってくる。

これがわかって初めて、確定拠出年金のメニューの中から、自分のお気に入りのファンドが選べるようになる。急がない、急がない。あせらない、あせらない。

✧どの商品を買って、積み立てるか？

「確定拠出年金」の運用は、「預金」「保険」「日本株式」「海外株式」などさまざまだが、せっかく口座を作ったのに、「預金」や「国内債券」を選ぶ人がいる。もったいない。

だって、会社の「財形貯蓄」や銀行の「積立定期預金」などで、安全資産（値段が動かないもの）はたっぷり持っているじゃない。それに、これらは金利ほぼゼロ。

老後のための年金は、20年も積み立てるものだから、リスクをとって値動きのあるもので運用してこそ、積み立て元本1000万円が、1500万円にも2000万円にもなる可能性がある。預金では意味がない。

しかも、口座の維持管理費がかかるから、預金だと実質マイナスになってしまうこともある。あぶない、あぶない。

迷わず「投資型商品」で！

インデックス・ファンドで経験を積んだいまだから、数あるファンドの中から自分に合うファンドを選べるようになっているはず。

私のおすすめの組み合わせの例は、これ。

円安や国内景気が悪くなるリスクに備えて、「海外」を50％入れたいと考えている。

それぞれ、インデックス型の手数料の安いものを選びたい。

・国内株式　40％……投資の基本は自国の株式
・国内不動産（ＲＥＩＴ《リート》）10％……株式よりも不況に強い
・海外株式　20％……外国の成長も買いたい
・海外不動産（ＲＥＩＴ）10％……海外の不動産も魅力
・海外債券　20％……円安に強く、利回りも高め

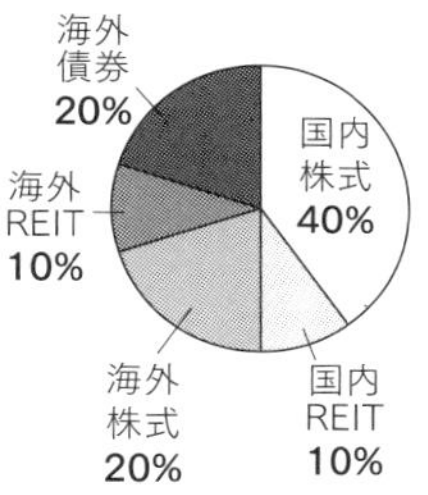

「難しすぎる！」と感じられる向きは、「国内株式50％、海外株式50％」から始めてみて。投資先の分野が分かれていると、世界の株の動き、不動産の動き（ＲＥＩＴ）、金利の動き（債券）、通貨の動き（海外もの）がわかって面白いし、勉強になるよ。

最初から世界の複数の投資先を組み合わせた「(グローバル)バランス型」というファンドもある。おまかせで楽ちん。これ一本でＯＫですよと、初心者に対して勧められることが多い。

だけど、このタイプだと、「なぜファンドが上がったか／下がったかがわからない」「いらない国内債券が入っている」「手数料が割高」などの欠点がある。

こんなときどうする?

親の介護が心配! お金を貯めるより、情報を集めよう

日本には「公的介護保険」というすばらしい制度がある

親が年をとるにつれ、子世代が心配することの第一がお金のことだ。もし自分の親に介護が必要になったら、いったいどのくらいお金がかかるんだろう。心配で夜も眠れない人がいるくらい。離れて暮らしているとなおさら。

でも実は、お金の面はそんなに心配しなくてもいい。親の資産状態はさまざまだが、退職後も経済的に自立して生活している親なら、介護にかかる費用は、親自身の年金や貯金でまかなえることがほとんどだから。

日本には「公的介護保険制度」があって、40歳以上の国民はみんな保険料を払っている。そして、原則65歳以上になって介護が必要な状態になると、その状態に応じて介護のサービスを受けられる。65歳以前でもサービスを受けられる場合もある。

Column

サービスを利用できるのは「要支援1～2」「要介護1～5」の計7段階。段階に応じてサービスの限度額が決まっていて、実際に利用したサービスの10％を本人が払う。

この制度を上手に利用すれば、65歳以上になった親の一方、または両方に介護が必要になったときも、公的な支援サービスを受けながら、自宅で自立した生活を続けることができる。必要に応じて、希望すれば施設に入ることもできる。

「親の介護が心配」と思ったら、公的介護保険の制度を理解するところから始めよう。ネットでも調べられる。市区町村の窓口でパンフレットをもらえる。親が住んでいる地域の「地域包括支援センター」に足を運ぶのもいい方法だ。

「要介護」の認定を受けるには

手続きの一般的な流れは、次のとおり。

①申請する……住んでいる市区町村の窓口（介護保険課）へ。
②主治医の意見書を出してもらう。
③訪問調査……調査員が自宅などを訪問。
④審査・認定……②③をもとに要介護度が決まる。

⑤介護保険サービスの利用……要介護度に応じ、どのようなサービスを受けられるかを地域の担当者（ケアマネジャーなど）と相談する。

⑥介護サービスの利用スタート

申請から認定の通知までは原則30日以内。詳しくは、親の住む市区町村に確認しよう。

＊参考）厚生労働省「介護事業所・生活関連情報検索」https://www.kaigokensaku.jp

「親の介護のお金は親本人の資産から」が、原則

介護保険のことや利用の仕方など、大まかなことがわかると、だいぶ安心できるはずだ。親の介護をぜんぶ、自分だけで負わなくていい。

公的介護保険を利用したとしても、お金はかかる。公的な支援の金額の上限は、いちばん軽い「要支援1」が月に約5万円、いちばん重い「要介護5」が月に約36万円（2016年11月現在）で、この10％を本人（または家族）が払うことになる。

つまり月に約5000円～約3万6000円。この金額なら、親本人が十分に払える金額だろう。

要介護度が重くなると公的介護保険サービスだけでは足りなくなることが多い。足りないサービスは、自分で施設や業者に頼むことになり、その分は100％自己負担だ。

Column

介護保険で利用できる、おもな介護サービス

✦ 自宅で受けられる（一例）

訪問介護 **（ホームヘルプ）**	身のまわりの介助や、家事の代行など
訪問看護	看護師が自宅を訪問し、病状のチェックなどを行う

✦ 施設などに出かけて日帰りで受けられる（一例）

通所介護施設 **（デイサービス）**	食事や入浴などのサービス
通所リハビリテーション **（デイケア）**	歩行訓練など、リハビリ中心のサービス

✦ 介護老人福祉施設などで短期間滞在して受けられる（一例）

短期入所生活介護 **（ショートステイ）**	日常的な生活の世話や機能訓練

これらはほんの一部。ほかに、訪問・通い・宿泊を組み合わせるもの、施設などで長期生活しながら受けられるものなどがある。

遠方に住む子どもが、介護のために定期的に帰宅するときは、交通費もかかる。原則として、親に十分な年金収入や貯金があれば、介護にまつわるお金は、親本人に出してもらおう。子は親の相談に乗り、面倒を見、保険の手続きをし、ケアマネジャーさんと相談し……と、お金以外のところで力を発揮する。

親が65歳や70歳になったら、介護が必要になったときのこと、がんなどになったときの病気の告知をどうするかについて、話し合っておきたい。

子ひとり、というのも大変だが、きょうだいがいる場合で意見が違うと別の苦労がある。親が元気なうちに話せるといい。親の意思を尊重しつつ、子に負担がかからない方法を見つけていこう。

遠方の親が入院手術することになったら、保証人が問題

私の場合、長崎に住む80代の父親が入院することになったとき、困ったのが病院から「保証人を立ててください」と言われたことだ。母は先に亡くなって、3人の子どもたち全員は遠方に住んでいた。

保証人の役割は、患者の身元を引き受け、入院費や治療費を払い、医者と看護師の治療

Column

の指示に協力するということ。治療の甲斐なく亡くなったときは、保証人には遺体の引き取り義務もある。身内がなるのがふつうだが、そうでなくてもいい。入院費用などの支払い能力がある人ということになっている。

親が遠くに住む場合は、近所の親戚や友人にあらかじめお願いしておくのも方法だ。ただ、安易には保証人になれないし、気安くは保証人を頼めない。

結局、父の入院にあたって、最初はきょうだいの誰かが仕事を休み、交通費をかけて病院へ手続きに行ったが、年に数回入院するたびにはできないので、父の親しい友人とその息子さんに手続きをお願いすることにした。

実際は、治療などに関する決断は（本人ができない場合）子どもたちが決断し、万一お金が必要になれば子どもたちが払い、すべての責任は子どもたちが負う、ということを話し納得していただいた上で。

近年は頼れる家族のいない独身者が増えてきたことで、保証人代行サービスも増えてきた。民間の会社もあるが、行政書士の団体などが運営するＮＰＯ法人のほうが料金は安くなっている。

詩人でエッセイストの伊藤比呂美さんは、カリフォルニアに住みながら熊本に住むご両親を介護された（介護の手配をされた）。

アメリカと日本を1、2か月に一度往復し、介護のヘルパーさん、病院の医師や看護婦さん、近所の友人たちの力を借りて、ご両親の通院、入院、日々の生活の面倒をみた。そして最期をみとられた。

そのご苦労は計りしれないが、工夫と努力次第で、仕事をしながら子育てをしながらの遠方介護生活も可能だということを、私たちに教えてくれている。遠方介護を考えるときには彼女の著書『閉経記』『父の生きる』が勇気を与えてくれそうだ。


シングルで暮らしていくなら、親だけでなく自分自身の将来の準備も考えたい。万が一、入院になったときに保証人のあてがない人は、あらかじめ調べておくと安心だ。

入院時に保証人になってくれる親戚や友人を、近くに2、3人は作っておきたい。

自分も「この友人やこの親戚なら」と保証人になってあげる準備をしておこう。

これがシングルで生きていくための人間力。ひとりで生きる人ほど、仲間を作って互いに助け合う力が大切だ。

Part 6

不安がすーっと消えていく保険の選び方

保険はお守りじゃない
生きていく上で必要な道具

世の中の人は、だいたい2つのタイプに大別できる。

- 心配性の人と、楽天的な人
- 甘党と、辛党
- のんびり屋と、いそがし屋
- 保険にたくさん入っている人と、全然入っていない人

あなたはどちら?

保険に関していえば、不要なものにたくさん入るのは、お金をどぶに捨てるようなもの。全然入っていないのは万一への備えが足りず、思いがけない事故や病気で大弱りになってしまう。

必要な保険に必要なだけ入る。これが正解だ。

保険はお守りじゃない。「とりあえず持てば安心」ということはない。役割や仕組みがわかった上で使わないと、どんなにたくさん入っても不安は消えない。

一方で、「よくわからないから」と保険にまったく入っていない人は「私、保険に入ってないけど、大丈夫かなあ」という心配から逃げられない。

この本を読んだからには、1か月以内に、自分にぴったりの保険を選んで、契約しよう。正しい保険を契約してしまえば、そのあとは保険のことは考えなくていいから、重荷がひとつ肩からおりて、人生が軽やかになる。

保険というのは、「万一のこと」があったときのために、日頃からお金(保険料)を払っておき、その万一が起きたときに、まとまったお金（給付金）を受け取る仕組み。

1万人の人が毎月2000円を払うと、1年間の合計金額は2億4000万円。その1年間に10人の人が亡くなれば、ひとりあたり2400万円を遺族に払うことができる。

「万一のこと」は、保険の種類によって、入院だったり手術だったりする。

私たちは健康保険でこんなに守られている

5年間アメリカに住んで驚愕したのは、医療費の高さ！　健康保険料の高さ！　健康保険の仕組みの複雑さ！

まず複数の保険会社の複数のプランから、加入する保険を選ぶ。毎月の保険料は日本よりずっと高いのに、病院にかかったら高額な医療費を払わなくちゃいけない。風邪をひいたら診察費だけで1万円。薬に数千円。入院先は個室しかなく、1日10万円くらいかかる。だからアメリカでの出産入院は普通分娩で1泊、帝王切開でも2～3泊だ。出産翌日、自分で車を運転して帰宅するパワフルママもめずらしくない。

これに比べると、日本の健康保険制度は、とてもすぐれている。

まず、国民全員が健康保険制度に入る仕組みになっている。

会社員や公務員は勤め先の「健康保険」制度に加入（扶養している配偶者や子どももカバーされる）。自営業者や退職者は「国民健康保険」制度に入る。

❋病院の治療費などの自己負担は30％

病院にかかったときの診療費や薬代は、実際にかかる費用の30％だけ払えばいい。診察、検査、治療などの費用が1万円なら、窓口での自己負担は3000円。薬代が2000円なら自己負担は600円だ。

❋「高額療養費制度」で、自己負担の上限は1か月8万円あまりまで

入院や手術、投薬、長期の治療などで医療費がかさんだときは、自分で払う1か月あたりの金額の上限が決まっている。収入ごとに違うが、月収50万円以下の人なら、だいたい月8万円あまり。

実際にかかった医療費が月50万円だとして、自己負担30％だと15万円になるところ、高額療養費制度のおかげで8万2430円ですむ。さらに高額の負担が年間4か月以上あるときは、4か月目以降に自分で払う額は4万4400円になる。ありがたい。

❋会社を休んで無給になったら、「傷病手当金」を受け取れる

病気やけがで会社を休み、有給休暇を使い果たすと、給料がなくなる。

そのとき（給料がゼロになった場合）に、「休む前の給料の3分の2」が、健康保険から「傷病手当金」として払われる。うれしい、安心。

❁出産すると「出産育児一時金」、会社員なら「出産手当金」もプラス

子どもを産むと、結婚している／していないにかかわらず、「子どもひとりあたり42万円」を受け取れるのが、「出産育児一時金」。

出産予定日前42日から、出産翌日以降56日までに仕事を休んだ日数に応じて払われるのが「出産手当金」。「出産前の給料の3分の2」を最長98日分までもらえる。

この後に、育児休暇をとると「育児休業給付」が受け取れるけど、これは健康保険からではなく「雇用保険」からの支給となる。

という具合に、健康保険制度では手厚い保障がある。ただ、これですべてがカバーできるわけじゃないから、足りない分は民間（保険会社）の保険に加入しましょう、というわけ。

では、保険の選び方クラス、はじまりはじまり。

勤め先の「健康保険」制度でこれだけカバー！

病気やけがをしたら

✧ **病院の治療費や薬代**

例：1万円かかった場合

自己負担額 ⇒ **30％（3000円）**

✧ **高額療養費制度**

例：月収50万円以下の人で医療費が100万円の場合

自己負担額 ⇒ 1か月あたり**8万2430円**
4か月目以降は**4万4400円**

✧ **傷病手当金**

休む前の給料*の**3分の2**がもらえる

子どもを産んだら

✧ **出産育児一時金**

子ども1人あたり**42万円**がもらえる

✧ **出産手当金**

出産前の給料*の**3分の2**（最長98日分まで）がもらえる

＊支給開始日以前の継続した12か月間の各月の標準報酬月額を平均した額

保険のレッスン①「生命保険」と「損害保険」の違い

保険には大きく2つの種類がある。モノや財産、事故にかかわる「損害保険」と、人の〝生き死に〟にかかわる「生命保険」だ。

◎損害保険

・家の「火災保険」
・車にかける「自動車保険」
・旅のアクシデントに備える「旅行保険」
・事故でのけがに備える「傷害保険」

◎生命保険

・人が亡くなったときの「死亡保険」

・長生きしたときの「年金保険」
・病気をしたときの「医療保険」

車を買ったら「自動車保険」、家を買ったら「火災保険」、旅に出るなら「旅行保険」を、損害保険会社で手当てしよう。ちょっと混乱しやすいけど、事故でのけがに備える「傷害保険」は「損害保険」。
「医療保険」を扱っている損害保険会社もある。

ここでミニ知識。
「損害保険」では「ほしょう」に補償（損した分を補うという意味）という字を使い、
「生命保険」では保障（守るという意味）を使う。
で、これからお話しするのは「生命保険」のほう。
自分の〝生き死に〟や〝病気〟にどう備えるかを見ていきます。

保険のレッスン②
シングル女子に必要なのは「生きるための保険」

「生命保険」には大きく分けて、「死んだときのための保険」と「生きるための保険」がある。

✲「死んだときのための保険」は、遺《のこ》される家族のために入っておく

たとえば結婚4年目のカップル。2歳の子がいて専業主婦の妻は2人目を妊娠中、というときに、夫が亡くなると大変だ。明日からの生活に困る。残された妻と子には、遺族年金などが払われるけど、それだけでは暮らしていけない。

そこで、妻と子を養っている夫（あるいは夫と子を養っている妻）は、自分が万一、早死にしたとき、家族に生活費を残すために保険に入るわけだ。

死んだときにお金が払われるこの保険は「死亡保険」というのだけど、語感が悪いから「生命保険」と呼ぶ人も多い。

保険料は、月に数千円から数万円まで（種類による）。

支払われる金額は、2000万円とか5000万円とか。

これは、家族を養っている人が入る保険だ。自分の死亡保険は受け取れない。

主な保険の種類に「定期保険」や「終身保険」、これらの組み合わせがある。

保険会社ごとに違う名前をつけているので、わかりにくくて困ったもんです。

✧「生きるための保険」は、自分のために入っておく

結婚していない、子どももいない、という人には死亡保険はいらない。わかるよね。

ところが、死亡保険に入っている独身者は意外にたくさんいる。勧誘されるままに契約するとそうなるんだ。もったいない！

いらない保険に払う保険料が、トータルで1000万円を超えることもある。たとえば月2万5000円を35年払うと、計1050万円！


じゃあ、シングルで暮らしていく場合には、どんな保険が必要か。

ずばり「生きるための保険」！

生きていて困ったとき（病気やけがで入院、手術をしたときなど）にお金がもらえる「医療保険」だ。「入院保険」ともいう。

入院すると、数万～数十万円の費用がかかることがある。個室に入院したときの差額ベッド代は健康保険や高額療養費制度の対象にならないから全額、自分で払う。入院前後に仕事を休むと、収入が減ることもある。その出費増&収入減に備えるのが、医療保険。

入院するリスクは誰にもあるので、医療保険は、独身者も既婚者も、子どもがいる人もいない人も、必ず入っておきたい基本の保険だ。

このタイプの保険について、次のページから詳しく話していくよ。

「掛け捨て」の医療保険にいますぐ入るべし

生きていて困ったときに助けてくれる保険の第一は、「医療保険」だ。
病気やけがで入院するリスクは、誰にでもある。
私の知人友人には、次の経験をした女性がいる。

・20代で、子宮頸《けい》がんで入院手術。
・30代で、帝王切開で出産（入院手術）。
・30代で、切迫早産で長期入院。
・30代で、子宮筋腫で入院手術。
・40代で、腎臓結石で入院手術。
・40代で、乳がんで入院手術。
・50代で、乳がんで入院手術。
・50代で、膵臓《すいぞう》がんで入院手術。

年齢が上がるほど、病気で入院や手術をする確率は高くなるが、20代や30代でも病気、けがのリスクはある。一生、入院も手術もしないかもしれないけど、それは明日、起こるかもしれない。こういうものにこそ、保険で備えるのが正解。

✲保険料は意外と高くない　月2000円くらいから

「保険は高い！　毎月の保険料が1万円以上かかる」というイメージを持っている人もいるけど、それは間違い。

医療保険は種類や年齢にもよるけど、入院1日あたり5000円が払われるタイプの「掛け捨て」なら、保険料は月2000円くらいからだ（30歳女性の場合）。

医療保険は、病院で治療や投薬を受けると、その症状が完治した後3～5年ほど加入できないことが多い（病気の種類や保険によって扱いがちがう）。

妊娠中も加入できないことが多い。

それから保険料は、年齢が上がるほど（病気になる確率が高くなるから）高くなる。

健康で保険料が安い20代、30代のうちに、1年でも早く契約することが大切ですぞ。

❖「特約」じゃなく「単品」で契約する

女性雑誌に「おまけ」がついていることがある。オリジナルデザインの小さなバッグやポーチとか。ほかでは売っていないからつい欲しくなって、読まない雑誌を買ってしまう。おまけの魔力。お気に入りのポーチを見つけて単品で買うほうが、ずっといいのだけどね。

保険外務員の人とか、保険ショップとかに相談すると、入院や手術の保障だけが必要なのに、「医療保障つきの◯◯保険」を勧められることがある。終身保険に医療保障がついていたり、年金保険についていたり。

勧められると、「終身保険もよさそうだし、年金も入っておくと安心かな」と気持ちが動いてしまう。

でも、ダメです。医療保険は「単品」で加入します。

なぜか。おまけという形（正確には「特約」という）で加入すると、メイン（主契約）の保険が終わったときや、解約したときに、特約の保障もなくなってしまうから。

たとえば、60歳から75歳まで年金を受け取る「年金保険」に入って、これに医療の特約をつけたとする。すると、医療の保障も年金が終わる75歳で終わってしまう。女性の寿命は87歳だから、これじゃ足りない。

保障が一生続く「終身保険」でも、保険料が負担になるなど何かの理由で50歳で解約すると、医療保障も50歳でおしまい。これから乳がんやらいろんなリスクが高くなるのに、これは困る。入り直すと保険料は高い。病歴で加入できないかもしれない。

だから、医療保険は「単品」で加入する。

❄ 医療保険に入るなら、いちばんのおすすめは「ネット」

保険選びは、2つか3つのサイトを比べて、ピンときたものを選べばいい。保険やネットが苦手な人は、お金や保険が得意な友達や先輩に手伝ってもらうと心強い。

ネット上での手続きは不安、という方は、お目当ての保険を扱っている代理店か、保険ショップを、ネット検索で探して手続きしよう。

ただし、この方法だと、入ると決めた医療保険以外の保険をすすめられることもある。ひとりじゃなくて、断り上手の友達と出かけるといいかもね。

ネットで医療保険に入るならおすすめはこの2社

医療保険に入るときに、決めることはいくつかある。
以下のポイントを押さえれば、大丈夫。あとの細かいことは自分の好みでＯＫだ。

❄ 保障の期間──「終身タイプ」を選ぼう

「終身タイプ」（生きている限りずっと保障が続く）にするか、「10年ごとの更新タイプ」にするか。

「終身タイプ」は、保険料がずっと変わらないが、「10年ごとの更新タイプ」は、最初は安い保険料が、更新のたびに値上がりする。また、保障が80歳や90歳で終わってしまうこともある。

一度入ると保険料の値上がりも保障期間も心配しなくていい「終身タイプ」をおすすめする。

❋入院1日あたりの給付金額――「1日5000円」で十分

世の中では「入院1日あたり1万円」が常識に思われているが、会社勤めの20代、30代なら「1日5000円」で十分だ。

保険料は、単純に1日1万円の半分ですむ。

収入の多い人で、保険料を2倍払っても財布が全然痛まないなら、1万円でもいいけど。入院が即、収入減につながるフリーランスや自営業者は1日1万円が安心だ。

ほとんどの入院保険には「手術給付金」も自動的についている。手術1回あたり5~20万円くらい（保険の種類、契約金額による）。最近は入院なしの日帰り手術も多いから、これがついていると心強い。

❋「先進医療費」の保障があると安心

先進医療費というのは、難病などを治療するための高度な治療で、（まだ）健康保険の対象にならないもの。数十万円から数百万円かかることが多い。

これのお世話になる確率は低いが、この保障があると安心。保険料にして、月数十円くらい。

✧ 女性疾病の保障、がんの保障、三大疾病の保障——財布と相談

医療保険の基本は、病気やけがの種類にかかわらず、入院1日あたり5000円（または1万円）が払われる。

でも、これにオプションで、女性疾病特約、がん特約、三大疾病特約（がん、心筋梗塞、脳卒中の3つ）をつけられる保険もある。

個人的な好みだが、会社設立からのフィロソフィーや商品展開をずっと見てきて好きな会社は、オリックス生命とライフネット生命。この2社の医療保険は是非チェックしていただきたい。

オリックス生命の「新キュア・レディ」は、基本の医療保険「新キュア」に女性医療特約がセットされていて、女性特有の病気（たとえば子宮、卵巣、乳房、出産にかかわるもの）とがんでの入院は、通常の2倍の給付金が払われる。

ライフネット生命は、基本の医療保険（エコノミーコース）の場合、入院給付金が

払われる限度は60日だが、オプションが追加された充実コースだと、がんの入院は無制限に、かつ、がんと診断されると50万円または100万円の診断給付金が払われるなど、がんや三大疾病の保障が厚くなっている。女性特有の病気の保障が厚い「新じぶんへの保険レディース」もある。

ただし、オプションを増やして保障を厚くするほど保険料は高くなる。

基本にどこまで保障をプラスするかは、自分のお財布感覚（これだけの保障なら月3000円を払っても納得できる！　この保障に月4000円は高すぎる！　など）を大切に、納得ラインを探してください。

❇保険料払込期間――「短期払い」がおすすめ

終身タイプの医療保険の保険料の払い方は2つある。

①「終身払い」……保障期間と同じく、生きている限り払う

②「短期払い」……60歳とか65歳まで払っておしまい

20代、30代での加入なら、もともとの保険料が安いので、②短期払いを選びたい。

40代以降で「短期払い」だと、保険料を払うのが負担なら「終身払い」に。
でも、それほど重要な問題じゃないのでお好きなほうに。

✲保険会社どこにする?――ネットで入れる保険会社がおすすめ

保険を決めるときの鉄則は、自分でわかる保険にする。という理由から、ネットで加入できる保険会社をおすすめする。

仕組みがシンプルでわかりやすく、保険料もリーズナブル(割安)だ。

ネットだからこそ電話相談ができるコールセンターが充実している。

「ネットだけ、コールセンターだけでは不安。生の人間と話して相談して加入を決めたい」という人は、代理店や保険ショップで相談してみるといいだろう。

繰り返しになるが、この方法だと、入ると決めた医療保険以外の保険をすすめられることもある。断り上手の友達と一緒にでかけよう。

女性向け医療保険の例

		オリックス生命の女性向け医療保険 「新キュア・レディ」日額5000円コースの場合		ライフネット生命の終身医療保険 「新じぶんへの保険レディース」日額5000円エコノミーコースの場合	
給付金	病気・けがで入院したとき	1日につき **5000円**		1日につき **5000円**	
給付金	女性特有の病気やがんなどで入院したとき	1日につき **1万円**		1日につき **1万円**	
給付金	所定の手術をしたとき	1回につき **2.5万円～10万円**		1回につき **5万円**	
給付金	先進医療による	**技術料と同額**（通算2000万円まで）		—	
保険料（例）		65歳払済	終身払い	65歳払済	終身払い
保険料（例）	25歳	2,296円	1,887円	2,270円	1,623円
保険料（例）	30歳	2,531円	1,967円	2,644円	1,776円
保険料（例）	35歳	2,813円	2,017円	3,109円	1,924円
保険料（例）	40歳	3,323円	2,177円	3,806円	2,130円
保険料（例）	45歳	4,254円	2,457円	4,912円	2,414円
保険料（例）	50歳	5,843円	2,842円	6,753円	2,761円
その他		オプションでがん一時金特約、がん通院特約なども付けられる（保険料はその分上がる）		「おすすめコース」にすると、がん治療給付金、先進医療給付金がつく（保険料は上がる）	

※ 2016年11月現在。わかりやすくするため、各表現を簡潔にしています。正確な情報は各社HPまたはパンフレットをご覧ください。

医療保険に「がん保険」をプラスして、安心をアップ

医療保険に入るべきなのは、わかってもらえたと思う。

ぜひこれを読んで1か月以内に加入手続きをしていただきたい。


医療保険のことを語ると、必ず出てくる質問が、

「がん保険には入ったほうがいいの？」


答えは、「がんの不安が大きい人は入ればいい、そうでなければ入らなくていい」。

メインの医療保障におまけ（特約）つきで、がんの保障をプラスできる医療保険も多いから、それを使ってもいいのだが、単体のがん保険の特徴は、当たり前だが、がんの保障が手厚いこと。

たい。

✲単体のがん保険の特徴

保険会社や商品によって違うが、がん保険に入るなら、次の保障があるものを選びたい。

- がんと診断されると、「がん診断給付金」が払われる（医療保険にはないことが多い）
- 入院給付金日の支払い日数制限が長い（医療保険は60日までがふつう）
- 通院や放射線治療で給付金が払われる（医療保険にはない）

さらに、女性向けのがん保険は、乳がんで乳房を切除した後の再建術の費用がカバーされるものがある。

乳がんになる確率は12人にひとり（国立がん研究センターがん対策情報センター「がん情報サービス」２０１０年）といわれている。

20代、30代で加入するなら、保険料は月２０００円前後から（入院１日５０００円の場合）。がん保険に入るなら、女性向け商品を選ぶのもよさそうだ。

がん保険の例

		アフラックのがん保険 「新・生きるためのがん保険レディース Days」 1日5,000円BLプランの場合
給付金	がんと診断されたら がんの場合	100万円
	がんと診断されたら 上皮内新生物の場合	10万円
	がんで入院	1日 5,000円（無制限）
	がんで通院入院	1日 5,000円（無制限）
	がんで手術	1回につき 10万円（入院しなくても）
	がんで放射線治療	1回につき 10万円
	抗がん剤治療	2.5万円 または 5万円
	女性特定ケア	20万円
	乳房再建術	1回につき 50万円

保険料（例）	65歳払済	終身払い
25歳	2,503円	1,758円
30歳	3,091円	2,131円
35歳	3,933円	2,717円
40歳	5,064円	3,184円
45歳	6,712円	3,672円
50歳	5,352円	4,027円

※2016年11月現在。わかりやすくするため、各表現を簡潔にしています。正確な情報は各社HPまたはパンフレットをご覧ください。

働けなくなるかも？　の不安は「就業不能保険」でサポート

さて、これで入院の不安にも、がんの不安にも備えることができた。

人生の先が、ずいぶん明るくなったはずだ。

え、まだある？　うん確かに。

病気やけがで入院すると、入院60日までは「医療保険」から給付金がもらえる。だけど、入院が60日を超えてしまったり、退院後に自宅療養になってしばらく仕事に復帰できなかったら？

家族がいれば、しばらくの間養ってもらえるけど、ひとり暮らしだとそうもいかない。

そんな不安に応えてくれるのが、「就業不能保険」だ。

いろんな理由で「働けない期間（＝収入がない期間）」が60日*を超えると、その日数に応じて給付金を払ってくれる。

＊契約によって日数はいろいろ

会社員や公務員は、入院や自宅療養が長引いても、すぐに収入ゼロになることはない。給料が払われなくなると、P125で話したとおり、「健康保険」から「傷病手当金」が払われる。

でも、フリーランスや自営業は、「国民健康保険」だから傷病手当金はなく、働けなくなったら即、収入がなくなる。雇用保険もないから、失業保険（失業給付）もない。というわけで、フリーランスや自営業者の人には、「医療保険」にプラスしてこの「就業不能保険」をおすすめしたい。

2016年11月現在、個人向けにはライフネット生命とアフラックの2社が販売しているよ。

「掛け捨ての保険はもったいない」という、大いなる勘違い

入院したときやがんになったとき、医療保険やがん保険が、あなたの「生きる」を応援してくれることは、わかったと思う。

ところが、こんな質問をもらうことがある。

「え、医療保険って掛け捨てなんですか？　掛け捨てって損じゃないんですか。貯蓄性のある保険のほうが好きなんですが」

はい、ここで紹介した医療保険やがん保険は掛け捨てです。

掛け捨てとは、つまりその保険の期間に、入院したり手術したり、がんになったり、ということがないと、給付金を1円も受け取れないということ。

99歳まで生きて、入院も手術も経験せず、ある朝、自宅で眠るように亡くなっていました、という場合は、それまでに計144万円（＝月3000円×12か月×40年）

の保険料を払って1円も受け取らないことになる。

これって、損だと思う？　よく考えてみよう。保険金や給付金を一生に一度も受け取らないなら、それがいちばんいいことなのだ。でしょう？

貯蓄型といわれる保険は、たとえば期間10年の医療保険、掛け捨てなら保険料月2000円のところを月1万円にして、8000円分を保険会社が10年間積み立てる。そして10年後に96万円（8000円×12か月×10年）を、満期金などの形で契約者に返す。

だったら月8000円は自分で貯金したほうがいい。何かの理由で保険を途中で解約すると解約手数料分がかかり、貯めた分より少ない額しか戻ってこないからね。

このページのレッスン。

掛け捨て保険は損じゃない。

払った保険料は1円も戻ってこないのが幸福だ。

年金保険、終身保険、介護保険には、まだ入らない

というわけで、「生きるための保険」として、医療保険、がん保険、就業不能保険を紹介してきた。

でも、もっと保険に入りたい人がいるかもしれない。保険が好きな人。

老後資金を貯めるための「年金保険」とか、自分が死んだときに葬式など身辺整理費用を確実に残すための「終身保険」とか、年をとって要介護になったときのための「介護保険」とか。

はっきりいおう。

20代、30代なら、これらには、まだまだ入らなくていい。先の先まで心配するよりも、いまを、これから5年、10年を生きることに、エネルギーと時間とお金を注ごう。

その形が見えてきてから、老後の年金や葬式や、介護のことを考えても遅すぎるこ

とはない。

いまは、将来のためには保険よりも貯金や投資で備えるほうがいい。

というのは、これらの（貯蓄目的の）保険は、人生プランが変わって途中で解約すると、大損することになりかねないから。繰り返すけど、保険の中途解約は払ったお金よりずっと少ない額しか戻ってこない。

貯蓄目的の保険は、長い約束の期間を守って初めてプラスになる仕組みになっている。

途中解約ではほとんど損になる！

たとえば、毎月2万円を15年、合計で360万円払ったのに、解約したら90万円しか戻ってこないというのは、よくある話（損の度合いは契約内容や期間による）。

暮らしもお金もなるべくシンプルなほうが快適だ。

「年金保険、終身保険、介護保険には入らない」と決めてしまえば簡単、簡単。

Column

40代になったら いつ死んでもいいようにしておく

「立つ鳥、跡を濁さず」とは、日本人の美意識を表す言葉だ。この世を去るときが来たら、跡を濁さず美しく飛び立ちたいとは、誰もが願うことだろう。配偶者や子がいないとき、これを実現するにはちょっとした工夫がいる。

葬式、墓、財産の処分、それを取り仕切る人を（自動的には決まらないので）きちんと決めて頼んでおき、正式な文書などではっきりと残しておくことが大切だ。

親が年をとってきたら、つまり自分が40代になったら、そろそろ、自分の死について備え始めたい。50代、60代と死に近づくにつれ、より具体的な準備を整えていこう。しておくべきは次のことだ。

①財産、保険の一覧表を作っておく。
②財産の処分について、遺言書を作っておく。自筆遺言書なら手軽に作れる。マニュアルなどを読んで、法的に有効なものを作り、わかりやすいところに保管しておく。友人や家族に保管場所を知らせておくとなおよい。
③SNSのアカウント閉鎖も指示しておこう（ユーザー名やパスワードなど）。
④葬式、納骨などについての希望を書いて、それを依頼したい友人を決めて、頼んでおく。遺言書でも、指名しておくとよい。
⑤さまざまな手続きをしてもらうための費用、30万円くらいは残しておきたい。
⑥遺影用の写真を撮っておく。これ、最近人気。

もちろん後始末を人に頼むからには、人から頼まれたら心よく引き受ける。人の死に様は、生き様によって決まると聞いたことがある。よく死ぬために、1日1日をよく生きていこう。

Part 7

いまを
スマートに生きる
お金と時間の使い方

住宅ローン以外の借金はしない

人生にはいろんなところに落とし穴がある。惚れた相手が暴力男だったり、就職した先がとんでもないところだったり、買ったばかりのマンションが地震で傾いてしまったり。

特にお金のことでは、落とし穴がいっぱいあるから気をつけて！

いちばん気をつけなくてはいけないのは「借金」だ。不思議なことに「ローン」とカタカナでいうと抵抗が小さい。「クレジット」と呼ぶともっと小さくなる（日本語で「信用」というと意味不明）。

借金には2種類ある。前向きの借金と、後ろ向きの借金だ。

前向きの借金は、「価値が増すもの」を買うため。価値が減らない不動産（マイホーム）を買うための「住宅ローン」。学歴や資格、技術を手に入れて自分の価値を増やすための「奨学金」「スクールローン」だ。

後ろ向きの借金は、「価値が減るもの」を買うため。車、携帯電話、家電、パソコン、インテリア、服、靴。あるいは形のない楽しみのため。旅行、食事、エステ。

自分の人生を愛しているなら、ここで誓ってほしい。
「住宅ローン以外の借金はしません！」

世の中には「スマートに、計画的に」カードローンを利用しましょうという広告宣伝があふれている。計画的な人、スマートな人は、きちんとお金を貯めて現金で払うから、ローンのお世話になることはない。

計画的でなくて、欲望に負けるからローンを借りる羽目になる。一度借りると、二度三度と何度も借りることになって、一生高い利息を払い続けることになる。

恐ろしい「リボ払い」数百万円の利息を払うことにも

「住宅ローン以外の借金はしません！」と誓って、借金なんかしていないつもりの人が、クレジットカードは平気で使っている。

クレジットカードは、支払い代金分を決済日まで、カード会社が立て替えてくれる仕組み。4月4日に4万円の洋服を買って、引き落としが5月5日だとすると、それまでの約1か月、カード会社から4万円を借金をしていることになる。

それでも、1回払いで利息がつかない払い方なら、まあ、現金代わりと考えていい。ボーナス払いは、「支払いの先延ばし」だから、利息はつかなくても借金だ。

しかし、何よりも怖いのは「リボ払い」だ。ポイントがたくさんたまるし、支払いが楽だから、ついリボにしてしまう人はたくさんいる。え、あなたも？

リボには次の恐ろしい欠点がある。

・金利が15〜18%とものすごく高い
・毎月の支払額が小さいので、大きな額の買い物をしてしまう。
・返済が終わる前に、次の買い物をしてしまう。
・残高がなかなか減らない、むしろどんどん増える。
・残高がいくらあるか、気にならない、わからない。
・永遠に高金利の借金を負うことになる。
・年に何十万円もの利息を、何十年も払うことになる。
・毎月リボ払いの返済があるので、貯金ができなくなる。
・貯金がないから、次の買い物もまたリボ払いで買うことになる。

リボは、いつの間にか残高が増える。残高が50万円になって少し減ってもまた買い物をしてしまう状態だと、1年に払う利息の合計は7万5000円（金利15%の場合）。10年で利息75万円、30年で利息225万円だ。

20代で借り始めて50代になっても返済はまだまだ続く。貯金はできない。リボがある人は1日も早く完済して二度と利用しない決心を。カードのリボ枠をゼロにしよう。

意外に大きい負担の「奨学金」急いで返すべき？

30代、40代のマネー相談でも、「いま返している奨学金、どうしたらいいですか？」という質問を受けることがある。答えは次の通り。

・無利子奨学金なら、急いで返す必要はない。
・有利子奨学金も、あわてて返す必要はない。原則はスケジュール通り。
・ただし、十分な貯金があって、返し終えることで気持ちが楽になるなら、繰り上げ返済してもいいよ。

逆に何かの事情で、返済が苦しくなった時は、貸主の独立法人「日本学生支援機構」に連絡を。しばらく返済額を小さくする、期間を延ばすなど返済プランを変更してもらえる。

奨学金に限らず、住宅ローン、車のローン、カードローンなどすべてのローンは、何かの事情で返すのが難しくなった時は、すぐに貸主に相談することだ。

連絡をせずに滞納してしまうと、それが信用情報を傷つけることになって、将来の住宅ローン借り入れやクレジットカードの作成、利用ができなくなる恐れがある。それは困る。

貸主は、一時返済を休んだり減らしたりしても、最終的に返してもらえるほうが、コゲつくよりずっといい。

住宅ローン以外の借金をしないのが、正解。それでも人間だから、借金問題に巻き込まれることはある。そのときに落ち着いて正しい行動に出るのが大人です。

将来、多額の借金で苦しくなることがあったら、ひとりで抱え込まないで、1日も早く消費生活センターや地方自治体の窓口、法テラスなどに相談すべきことを覚えておこう。

自分にとって大切なことにお金と時間を使おう

いまをスマートに生きて、将来へも上手に備えるには、「お金のこと」と合わせて「時間のこと」についても考えて、知っておこう。

人が一生懸命お金を貯めようとするのは、「将来の安心」を手に入れたいから。
でも、預金通帳の数字が大きくなっても、安心はあまり増えない。
それより、「お金をコントロールする力」をつけることで、将来の安心はぐんと大きくなる。

コントロール力をつける上で、次のポイントを知っておきたい。

□お金は相対的なものだ（数字だけで測れない、決められない）
□時間も相対的なものだ（いやな仕事をしている1時間と、恋人と過ごす1時間の長さは違う）
□お金と時間には、相互補完的な関係がある（お金で時間を買う。その逆も）
□お金も時間も、自分を成長させるため、周りをハッピーにするために使える
□お金も時間も、無意味に使うことができる
□お金も時間も、ネガティブなことに使える
□お金は貯められるが、時間は貯められない

お金と時間の性質をよく知って、自分の人生に（そして周りにも）プラスになるような使い方をしたい。これは永遠の課題。

大人になるって、これが少しずつできるようになるってことだ。

「貯金しすぎがあぶない！」と警告する理由

世の中には、「貯金は多ければ多いほどいい。毎月できるだけ多く貯めるべき！」と考える人もいるが、それは間違い。

多く貯めるためには、「使うお金」を削らなくてはいけない。

もちろん、ムダな手数料や、ムダな光熱費や、ムダなお菓子代や、ムダな洋服代や、ムダないろいろを削るのはすばらしいことだ。財布にやさしいし、部屋がすっきりするし、地球にも優しい。体重だって減るかもしれない。

気をつけなくてはいけないのは、「ムダじゃないもの、自分をつくっていく大切なコト」まで削ってしまう人がいること。

仕事のあとや休日に、映画を観ること。音楽を聴きに行くこと。友達と出かけること。気になるお店をチェックすること。旅行に出かけること。フィットネスクラブで汗を流すこと。

日々の暮らしを豊かにする費用を削りすぎると、家と仕事場とスーパーマーケットを往復するだけの生活になってしまう。付き合いの悪い、話題のとぼしい、世界がせまい、時代遅れのつまらない人間になってしまうかもしれない。友達も減ってしまいそうだ。

「世界がせまい」「時代遅れ」は、「仕事ができない」につながっていく。

「仕事ができない」と、「給料が増えない」だけじゃなく、もしかしたら「仕事を失う」ことにもなりかねない。

仕事ができる人でも、運悪く仕事を失うことはある。天をつく大企業が1日で倒産する時代だ。それでも、世界が広くてネットワークがあれば、すぐに次の仕事を見つけることができる。

いまの会社が明日倒産しても生きていける仕事力とネットワークをもつことは、これからとても大切になってくる。節約や貯金よりも、はるかにはるかに大切だ。

自分に投資する
でも、資格取得には気をつけて

貯金は将来の自分へのプレゼントだ。将来の自分が、ほしいものを手に入れたりやりたいことをするために。現在の自分から将来の自分へ愛を込めて。

だけど、将来の自分へ、お金以外のプレゼントもしたい。

「仕事のスキル」「健康」「ネットワーク」「成長」いろいろ。5年後、10年後の自分にこれらが備わってたら、いまよりもっと幅広く人生を楽しめると思わない？

特に女性が気をつけたいのは、「自己投資＝資格取得」と勘違いしないこと。「2年以内にこの資格をとって、その1年以内に○○の仕事に就く」というはっきりとした目的がなければ、資格のための勉強はお金と時間とエネルギーの無駄になってしまう。

悪質な資格・セミナー商法もはびこっている。「この資格をとると副業で月10万円」「このセミナーに出れば月収40万円以上稼げる」という広告を真に受けて、お金を払い勉強しても、まったく収入に結びつかないという被害が後を絶たない。

何かの資格をとろうと思うなら、まずは、その資格で仕事をしている人、2人以上に会って直接話を聞いてみよう。そうでなければ、その仕事はあなたの想像の産物で、実際とは大きくかけ離れている恐れがある。

自己投資に「手取り収入の5～10％」使うのはいい方法だ。外国語を学んだり、フィットネスクラブへ通ったり、本や映画や旅行に使う。友達と会うために使う。でも自己投資は、お金をかけなくてもできる。健康のためのウォーキング、ジョギング。図書館で本を読む。ネットの記事や動画で外国語を勉強する。友人を自宅に招いてお茶や料理をふるまう。想像力を働かせよう。

自己投資に時間やお金を使う前に、しておきたいのは、自分をよく知ること。

自分が本当に好きなこと、自分が本当にしたいこと、自分が幸せを感じること、どんな自分になりたいか、いまと将来、どんな仕事がしたいか。どんな暮らしがしたいか。友達と話したり瞑想したり。時間をかけて。それに結びつく時間とお金の使い方を工夫しよう。

健康への投資は、シンプルだけど「続けること」がカギ

健康への投資はいたってシンプル。次の5つを守るだけでいい。

①運動をたっぷりする(軽い運動を週4回以上、真剣なのを週1回以上)
②健康的な食生活をする(野菜をたくさん食べて砂糖をひかえる)
③睡眠を十分とる(できれば1日7時間以上。最低6時間以上)
④お酒は適度に(酔っ払うまで飲まない。週2日は休肝日)、タバコは吸わない
⑤週に1日は仕事をしない日をつくる(聖書の原則)

健康への投資は、「お金少々」と「時間&エネルギー多めに」がセオリーだ。

投資の注意事項は次の通り。

✲注意1　運動にお金をかけすぎない

スポーツクラブに入会する。トレーニングウェアやシューズ、グッズをそろえるのは健全。だけど専門トレーナーをつけないと実行できない運動はお金と手間がかかりすぎ、いずれ続けられなくなるリスクが大きい。やめちゃったら元の木阿弥だ。

お金をかけずに友達と、あるいはひとりでもできる運動のレパートリー（ジョギングやストレッチやラジオ体操とか）をいくつか持っておくことが大切だ。

✲注意2　サプリメントや流行りのダイエット食などに、お金を使いすぎない

サプリメントやダイエット食は高い割に効果は少ない、続かない。アメリカ人はサプリメントやダイエットフードにものすごくお金をかけて、実に食材費を上回っている。ところが肥満は増える一方。

それよりも毎日の食事で野菜をたっぷり食べる工夫をすることが効果的でお金もかからない。

私はアメリカで5年暮らしたが、1日に1食、発芽玄米ご飯、野菜たっぷりの味噌汁、納豆、野菜料理1～2品を食べるようにした。あとの2回はアメリカ食。ハンバー

ガーも、ホットドッグもピザもポテトチップスも食べた。
で、体重は増えずウエストのサイズも変わらなかった。日本食の力はすばらしい！
（あ、ただし甘い飲み物とお菓子はとらなかった。炭水化物を十分とると、甘いものなしでも全然平気）

✻注意3 よい睡眠のために、パソコン・スマホのスイッチを切る

パソコンやスマホの画面は脳を興奮させて、睡眠を邪魔するという研究結果がある。快適に眠りにつき、質の良い睡眠をとるには、ベッドに入る前3時間は、パソコンにもスマホにも触らないのが正解。

自分なりの作戦を考えて。これは、お金をかけずによい睡眠を確保する最善の方法だ。

私は40代で体調を崩した。自営業だから、健康には人一倍気をつけていたつもりだったけど、仕事のストレスが重なり、心と体の不調で半年あまり仕事を休んだ。

20代からスポーツクラブで週1回1時間ほど運動していたけど、全然足りなかった。

自営業だから休むと収入はなくなる。大変だった。苦しかったなー。

でも、人生すべて塞翁《さいおう》が馬。仕事を休んでいる間に自分に合う健康法を見つけて、30代の頃よりパワフルに働けるようになった。

その健康法は「太極拳」。年寄りのためのスロー健康体操と思っていたのだけど、とんでもない。実は武術で奥が深いのなんの。中国4000年の歴史！

いまは、太極拳、ジョギング、ストレッチと週に3回以上は運動するようにしている。おかげで柔軟性も基礎代謝もまだまだ30代。このまま80歳まで行きますよー。

あなたは、私のように体を壊す前に、自分の健康法を確立してね。

美容費・アンチエイジングにお金を使いすぎない

日本の女性は、おそらく世界一おしゃれだ。

パリの女性やニューヨークの女性にも十分対抗できる。

ただ、ちょっとした違いがある。

日本では、若く可愛らしく見せるファッションが人気で、みんなが流行に敏感だ。海外から来ると画一的な感じがする。

一方、アメリカでは自分らしいおしゃれ、セクシーなおしゃれをめざす。成熟した強い女性がモテる。流行は適度に取り入れつつ、個性的なファッションや化粧を楽しんでいる。

日本には「女性は若さに価値がある」「歳をとると女性の価値は減ってしまう」という価値観があって、多くの女性はこれに縛られている。いつまでも可愛らしく若々しくいたい、というのが、服や化粧や仕草や話し方にまで表れる。

欧米で、60代、70代の女性が、自信に満ちた個性的なおしゃれをして、人生を楽しんでいる様子はとても素敵だ。60代を過ぎて夫と死に別れた女性が、恋をして再婚という話もめずらしくない。ずーっと現役。

若々しさを求めるのは悪くないけど、歳をとることにネガティブな感情を持っていると、美容、特にアンチエイジングに多大なお金をかけてしまいがちだ。

30代で月1万円かけていたら、40代で2万円、50代で4万円、60代で10万円と膨らんでしまう。医学が進んで、お金をかけるとシワもしみも、胸もお尻もなんでもできる時代だ。きりがない。

独身者、子どもがない女性は、これに陥りやすい。

子どもを育てると、赤ん坊だった子どもが、5歳、10歳、15歳と成長するのを目の当たりにして、自分が歳をとって「老ける」ことを、自然に受け入れられるのかもしれない。

歳を重ねる自分を愛し、受け入れること。これからの大切な課題。

料理のレパートリーが貯金と人脈を増やす

ひとり分の食事を作るのはめんどう。いろいろな食材を買うとコストもかさむ。

いまは、コンビニやデリカテッセンのおかずも充実。夕食宅配サービスもある。添加物のないヘルシーなお惣菜も充実しているから、これはうまく使いたい。買い物して、料理して（食べて）後片付けして、ゴミを捨てる時間を節約できるのはうれしい。

それでも、料理ができると、いいことがたくさんある。安くヘルシーな食生活を送れる。素材から作る野菜たっぷりの料理はやはり、ホームメイドならでは。アメリカで生活したときは、料理ができる幸せを実感！　野菜の味噌汁で生き返った。

最近は「ひとり飯《めし》」のレシピもたくさん出回っているから、ネットやアプリも活用すればレパートリーはどんどん広がる。

友達を招いてパーティ、あるいは家飯《いえめし》しよう。

ひとり暮らし提唱の祖ともいえる『シングル・ライフ』の著者、海老坂武さんは、シングル同士での招き合いを提案されている。たとえば5人の仲間で週に1回、夕食を作って招き合う。それぞれが週に1回食事を作れば、後の4日は友人の家で、手作り夕食をご馳走になれる、というわけ。これは素敵だ。

別にシングル仲間に限らなくても、曜日を決めなくても、週に1日くらい友人を夕食に招けば、部屋は片付くし、ひとりのときには作りにくいメニューも作れて、楽しい時間を楽しめる。食べてもらうと必ず料理の腕前は上がる。レストランより会話もはずむ。人を招き慣れると、自宅でちょっとしたパーティも開けるようになる。友達関係が深くなり、新しい人と知り合いになれる。

多くの日本通の外国人が嘆いているのは「日本人は礼儀正しくて親切だけど、自宅に招いてくれない」ということ。これを翻しちゃおう。狭くても、散らかってても、ご馳走がなくてもいい。シンプルな料理ともてなす心があれば十分。これができたら、仕事もプライベートも、いろんな世界が広がっていくよ。

うちは寝室が2つしかないが、家族全員がひとつの和室に寝て、お客さんをお泊めすることがよくある。散らかっていて、猫も2匹いるけど、お客さんさえ大丈夫ならOKだ。

家事に時間をかけすぎない代行サービスを使っちゃえ

シングルで暮らしていくということは、働いて自分の生活費を稼ぐということだ。働く女性は忙しい。せっかくのひとり暮らしで独身で、自由に時間が使えるはずなのに、平日夜や貴重な週末が、掃除や洗濯や料理の作り置きでつぶれてしまう。ゆっくりする時間がない。忙しくていつも疲れている。……というのは、何かが間違っている。

日本の女性が家事に費やす時間は、先進国の中トップクラス！

「料理が上手で、掃除・洗濯をきちんとこなしてこそ、女として一人前。家事ができない女は失格」という古くからの価値観が、いまも女性を縛っている。既婚者だけじゃなく、シングル女性も。

仕事を持っていても、「専業主婦に負けないように料理や家事をしなくちゃ！」と頑張ってしまう女性もいる。誰から言われなくても、自分で自分にプレッシャーを与えてしまうのだ。

そんなの無理。そんな完璧めざさない。疲れるだけ。もっとラクしよう。

仕事で忙しいんだから、家事はどんどん合理化しちゃおう。そのために稼いでいる。

月に2回のお掃除サービスを頼んで、水回りを中心に掃除してもらえば、普段は掃除しなくてもオーケー。週に1回家政婦さんに来てもらい、掃除、洗濯、買い物、アイロンかけを頼む手もある。

食事の宅配サービスも利用しちゃおう。毎日はいらないけど週3回くらい、作らなくても自宅でゆっくり夕食できる日があるのはうれしい。

時間のゆとりのために、さまざまなサービスを使うのは、働く女の特権だ（いや別に主婦が使ってもいいんだけど、お金があれば）。

お金でゆとりを買う。このテクニックを身につけておけば、結婚しても役に立つ。

高級な服や化粧品を買うよりワンランク上のお金の使い方だ。

大人だもの、優雅に行こう。

Column

フリーランスの時間の使い方

仕事がら、たくさんのフリーランスや個人事業主の人と一緒に仕事をしてきた。編集者、ライター、カメラマン、不動産業者、保険外務員、投資アドバイザー。これから「自分らしく長く働き続ける」をめざせば、いまは会社勤めでも、いずれフリーランスで働く人もいるだろう。

フリーランスでいちばん大切なのは、仕事。その人ならではのプロの仕事ができること。ふたつ目は人脈。仕事だけでなく趣味の友人が、仕事を運んできてくれることもある。

3つ目は、時間の管理。約束の時間に遅れない。締め切りや納期を守る。そのためには、仕事を受けすぎないこと、余裕を持ったスケジュールを組むことと同時に、自分の健康管理が重要になる。

健康管理のためには、休息・休暇をとることがかかせない。仕事の打診があったとき「徹夜すれば、土日を潰せば、なんとかできるはず」と受けてしまいがち。月に一度ならなんとかなっても、これが続くと、どんどん疲れがたまって体を壊してしまう。聖書の最初の書『創世記』には、「7日のうち6日は仕事をして、7日目には休みなさい」という神の命令がある。これが1週間の起源。私が独立してずっとやってこられたのは、このルールを守ってきたからだと思う。

①週に1日はまるまる休む。休むのも大切な仕事と心得る。できれば、曜日を決めて、丸1日は休む習慣を持とう。

②定期的な運動をする。運動も仕事の一部と心得る。アメリカの健康保険の運動ガイドは、週5日以上の軽い運動と週2日以上の本格的な運動をすすめている。ふだんは1駅分歩いたり、ストレッチをしたり、自転車通勤をするなど生活の中で工夫を。週に2日はスポーツクラブに行ったり、30分以上のジョギングをしたり、テニスをしたり。自分に合うスポーツ、気の合う仲間を見つけて長く続けよう。

Part 8

「私らしい暮らし」をかなえる家の買い方

家を買う？ ずっと賃貸？ それぞれのプラスとマイナス

女性がシングルで暮らしていくとき「家を買うか、買わないか」は大きな問題だ。買いたい派の理由はだいたいは次のところだろう。

「一生家賃を払うのは不安」

「年をとったら、賃貸住宅に入れないかもしれない」

「私のお城、私の財産って呼べるものがあったら安心」

「持ち家のほうが、賃貸より得な気がする」

家を買うということは、もちろんお金と直接関係する。頭金、ローンなど。お金の面からだけで計算した場合、家を買うタイミングや買い方で、損得は変わってくる。

◎買った後に不動産が値上がり。物件選びに成功。ローンプランも無理がなかった
　↓　買って正解！

✕買った後に不動産が値下がり。物件選びに失敗。ローンを借りすぎた

↓ 買ったおかげで人生が大変なことになる。

だから、買うと決めたら、値上がりしそうな場所やタイミングを選び、よい物件を探し、無理のない資金プランを立てるべき。だけど、大人の女は「家を買う／買わないはお金のことだけじゃない」ことを知っている。そして判断する。

マイホームを持つこと、賃貸に住むこと、それぞれのプラスとマイナスを見ていこう。

✲賃貸住まいは自由で気軽でどこでもいける　住宅ローンもない

持たない自由！　家にも場所にも縛られない。いつでも隣町に、北海道から沖縄に、ルイジアナからドゥバイに、仕事次第、恋人次第、気分次第で引っ越せる。

家を買うには、多額のお金を貯めて自己資金として払いこむ。やっと1000万円貯めたのに、家を買うとき800万円が消えてしまう。

不動産が値下がりしても、損をしない。家賃が下がって、かえってうれしい。

住宅ローンを借りすぎて、苦しむこともない。

家賃が高すぎると感じたら、安いところに引っ越せばいい。

賃貸派の心配は、退職後、年金生活になっても家賃を払い続けなければいけないこと。そのためには、老後のためによほどの貯金をするか、高額な年金プランに加入しなくちゃいけなくなることも。

そこで賃貸派への提案。退職時、自分が余生を送りたいところに、中古の物件（手入れが大変な戸建てよりマンションが現実的かも）を現金で買う。そのくらいのお金は貯めておこう。

親から住まいを譲り受けられるなら、もちろんそれもカウントしていい。ただし、思い通りにリフォームするための費用は貯めておこう。

✲年をとってからの賃貸は、保証会社が強い味方

「年をとったら賃貸物件が借りられなくなるんじゃないか」という不安がある。

でも、ご安心あれ。いま、1950年代、60年代生まれのたくさんのシングルたちが、「独身高齢者が安心して住めるシステム」を作ってくれていて、仕組みが整いつつある。ありがたいね。

ちょっと気になるのが、賃貸物件を借りるときの保証人だ。30代で親が現役なら、親に保証人になってもらえばいい。問題は親が退職したり、亡くなった後。友人や親戚には頼みにくいし、頼んでも断られるケースは多い。

そんなときに利用できるのは、民間の保証会社。保証人と同じように、借主が家賃を滞納した時に、その家賃分を大家さんに払うことを保証する。その後、借主から取り立てる。

最近は、賃貸契約を結ぶ時に不動産会社が保証会社を紹介してくれるほど、一般的になってきた。保証をお願いするには、契約時に家賃の30%前後の保証料を払い、更新時に更新料を払うのが一般的。ただし、「無職」「収入が低すぎる」「安定していない」などの場合は、保証会社の審査に通らず保証を引き受けてもらえないことがあるので注意しよう。

✧マイホームを持つと、どっしり安心　思いのままにコーディネイト

何かを持つと自信につながる。この家こそは私の財産、歳をとっても一生追い出されることがない。好きなインテリアを選んで、好きなプラントを育て、好きにリフォー

ムして、自分の望むとおりに住み続けられる。

「これは私のお城」「これは私の財産」といえるのは、静かな自信につながっていく。買うタイミングや物件選びを間違えなければ、不動産という財産は価値が増えていく。

買った家を相続させる子どもなどがないときは、「リバースモーゲージ」を利用すればスマートだ。家の資産価値を老後の生活費として使えるので、無駄がない。これについてはP190でお話ししよう。

✲家を買うなら、40歳前後で「年収の5倍以下」の家を

独身でマンションを買った人の例を、いままでいくつも見てきたが、「あちゃ、これは失敗、ちょっと痛いな」と思うのは次のことだ（本人には言いづらいけど）。

×年齢が若すぎる
×物件が狭すぎる
×新築なので割高
×自己資金が少なすぎる（ローンが多すぎる）

家を買う年齢は35歳でもまだまだ。20代で買おうなんて早すぎる。人生経験が浅いと、「いま」しか見えず、長い目で見た物件選びができないのだ。40代以降の豊かな暮らしも想像できない。いきおい、新築できれいだけど狭くて割高な物件を、かなり苦しい資金プランで買うことになる。

住宅ローンの返済が負担だと、そのあとの優雅なはずの暮らしが、きつきつになって楽しめなくなっちゃうから最悪だ。

だから、この逆を行けば「なかなかやるな」という感じになる。

不動産のプロの女たちは、次のように買っている。

◎40歳前後で(若すぎず)
◎60㎡以上の物件を(狭すぎず)
◎中古で(リフォームしても新築よりずっと割安)
◎たっぷりの自己資金で(価格の20%以上)

これについて、もう少し詳しく見ていこう。

買うなら中古マンションをおすすめする理由

男の外見に恋に落ちるのは、未熟な女。

新築マンションに魅せられて買ってしまうのも、未熟な女だ。

新築物件は、販売のために巨額の宣伝広告費がかけられている。「新しい」というプレミアムが価格に上乗せされている。だから新築マンションを買って、入居しただけで、1か月後には価値が20%下がると言われている。3000万円で買ったマンションが1か月後に2400万円になったら泣けてくるね。

不動産は、買うのに多額のお金と手数料がかかるし、簡単に転売できないから、結婚相手を選ぶ以上に慎重に選ぶべき。不動産会社の営業の人の話を真に受けてはいけない。不動産関係の仕事をしている信頼できる友人に話を聞きたい。

私の知り合いで不動産関係の仕事をしている人は、男、女、シングル、カップルを問わず、ほとんど全員が中古物件を買っている。

もちろん、中古だったらなんでもいいというわけじゃない。不動産選びでいちばん大切なのは「立地」だ。日本全体の不動産価格が下がっていても、値上がりしている地域がある。全体が上がっているのに下がっている地域がある。

最寄り駅はどこか。駅からの距離。利便性（スーパーマーケットや病院や公園があるか）。保育園はあるか、学区はどこか。

3000万円の新築マンションを買うよりも、2500万円の中古マンションを買って300万円かけて自分の思い通りにリフォームするほうがいい。

ただし、中古物件は買うときに手数料がかかり、新築より税金が高い場合があるので、よく確認して、資金計画は慎重に。

また、買うときには必ずプロの物件検査（ホームインスペクション）*を利用しよう。

＊ホームインスペクションとは……住宅に精通した住宅診断士が、「欠陥住宅でないか」「あと何年くらいもつのか」「修繕費用はいくらか」などを調査すること

価格は年収の5倍まで 住宅ローンは年収の4倍まで

将来、家を買いたいなら、資金計画の正しいブループリント（大枠）を知っておくことが大切だ。

まずは「いくらぐらいのマンションが買えるか」。ずばり「年収の5倍まで」だ。中古を買う場合はリフォーム費もここに含める。

年収300万円の人が買えるのは、1500万円まで。
年収500万円の人が買えるのは、2500万円まで。
年収1000万円の人が買えるのは、5000万円まで。

親から資金援助が受けられる人なら、その金額をこれに上乗せできる（年収300万円で、親から1000万円の援助があれば予算2500万円に）。

次にローン。住宅ローンを借りて、無理なく返せる金額（ローンを返しながら、老後資金を貯めつつ、日々の生活も楽しめる金額）は、「年収の4倍まで」。

年収300万円の人のローンは、1200万円まで。
年収500万円の人のローンは、2000万円まで。
年収1000万円の人のローンは、4000万円まで。

これだと、「金利2％」で25年のローンを借りた場合の返済額が、手取り収入のだいたい25％になる。

金利が低いときは「もっと借りられる」と思うけど、25年のうちに金利はいずれ上がる。甘い見通しはあぶないよ。

自己資金（頭金＋諸費用）は「年収の1・5倍」貯める

人間、人生経験を積んでくると、他人（特に営業パーソン）の言うことはそのまま信じなくなるものだ。家を買うとき、住宅ローンを組むときは、いつも以上に疑い深くなることが大切だ。蛇のように聡《さと》くあれ！

「みなさん、年収の6倍、7倍の物件を買われていますよ」と言われても、5倍以内に収めるべし。

「低金利だから、年収の5倍のローンでも無理なく返せますよ」と言われても、4倍以内に収めるべし。

アメリカでは、住宅ローンはせいぜい年収の2倍、多くても3倍までがふつう（不動産が馬鹿高い東海岸や西海岸は例外）。だから住宅ローンに追われず、生活を楽しめるのだ。

では、家を買うための自己資金はいくら貯めたらいいいか。世の営業パーソンは、「自己資金ゼロでも買えますよ」と言う。もちろん信じてはいけない。頭金（家の価格の一部）として「価格の20％」＋それ以外の諸費用（手数料や税金など）として「価格の5～10％」＝合計で「価格の25～30％」を貯めよう。

1500万円の家（年収300万円）なら、375万～450万円。
2500万円の家（年収500万円）なら、625万～750万円。
5000万円の家（年収1000万円）なら、1250万～1500万円。

あんまり多くてびっくりした？　でもこれが現実。これより少ない資金で買うと、後からとんでもない目に遭う。それに25歳から年収の15％を貯めれば、40歳には年収の2倍以上の貯金ができるから、難しいことじゃない。

買う時期を「40歳前後」といったのは（P182参照）、この年齢になるまでは、家を買うのに十分な貯金ができない、という理由もある。家の資金計画というのは、ことほどさように深いのだ。

マイホームを有効活用する「リバースモーゲージ」

その昔、20年ほど前までは、独身者や子どもがない夫婦には、マイホームを持つことを勧めなかった。自宅という不動産のために、数千万円を費やして、死ぬときはそれを遺していかなくちゃいけない。「住まいはあるけどお金はない」という老後貧乏になってしまうリスクもあった。

でも、「リバースモーゲージ」というローンが登場して、普及してきたので、その心配はいらなくなった。

マイホームを持ちたいなら（自分の稼ぎ力に合わせて）、迷わず買っていいですよ！

「リバースモーゲージ」は、家を買うときの「住宅ローン」とは逆の仕組みになっている。住宅ローンを払い終わった自宅（たとえば3000万円の価値がある不動産）に対し、金融機関が借り入れの合計額の上限を2000万円と決める。

すると自宅を担保に、「毎月10万円ずつ」とか、あるいは「年に30万円を2回」とか、2000万円の枠がいっぱいになるまで、借り続けることができるのだ。65歳から、毎月の公的な年金（たとえば月12万円）に、貯金から月5万円、リバースモーゲージで月10万円をプラスできたら（計27万円）、かなり優雅な生活ができる。もう住宅ローンは終わっているし。

あるいは、半年ごとに30万円ずつを借りて、海外旅行を楽しむというプランもいい。ローンは不動産の持ち主が亡くなった後に清算されるので、生きているうちは返済の心配もない（ただし、金利は返済の必要があるけど、借入額の中から払える）。

リバースモーゲージは、地方自治体や一部の銀行が扱っている。55歳を過ぎたらチェックしてみるといいだろう。

家を買うなら決断前にFPに相談を

読者に、力を込めてお勧めしたいのは、「家を買おうと思ったら、必ずファイナンシャル・プランナー（FP）に相談しよう！」ということだ。
それも、不動産展示会とか、不動産会社が主宰するセミナーで相談員をしているFPではなくて、相談料を1時間○○円、と払って相談する独立系FPだ。

というのは、これまでいく例となく、マイホーム取得の失敗例を見てきたから。

物件選びの間違い。
資金プランの間違い。
ローンプランの間違い。
購入時期の間違い。

マイホーム購入は一生でいちばん大きな買い物なのに、相手(不動産会社、銀行、ローン会社)は売るプロで、こちらは素人。

騙される、とまではいかなくても、相手の利益が最大になって、こちらの負担が最大になる物件や資金プランになってしまう例は少なくない。

ＦＰへの相談料は、高くてもせいぜい数万円だ。

一方で、間違った買い方をすると、数百万円、数千万円の損になる。

せっかく夢を実現するため、自分らしい暮らしを実現するためのマイホーム購入が地獄になってしまわないように、ぜひぜひ、事前にＦＰに相談してください。

Column

不安なときはひとりで悩まず まわりに相談を

不安から逃げようと行動して失敗した例を、たくさん見てきた。「ずっと独身かも」という不安から、マンションを買ってしまった。巨額の保険を契約してしまった。「老後資金が足りないかも」という不安から、ハイリスクの投資に手を出してしまった。投資詐欺に引っかかってしまった。——など。

不安は視野を狭くしてしまう。平静なら当たり前に見えること、たとえば次のようなことが見えなくなる。「とにかく、この不安から逃げたい！」という思いが強すぎるから。

□いまの楽しみを全部削って老後のために貯めるのはアンバランスだ
□新築マンションは、中古のマンションより割高だ
□50㎡未満のマンションは、長く住むには狭すぎる
□独身だったら、遺族にお金を残す必要はないから、大きな死亡保障はいらない。保険料は安くあげて、将来のための貯金に回すほうがいい
□投資にはリスクがつきものだから、予想通りにうまくいくはずがない
□年利20%が狙えるということは、20%以上のマイナスになるリスクがあるはずだ
□年利10%が保証される投資商品があるわけがない
□よくわからない外国の投資を、投資の素人の私に勧めてくるのはあやしい

——などなど。でも、いろんなことがあると不安になるのは人の常。そんなときはひとりで悩まず、信頼できる友人や家族に相談すること。

ただし生命保険、老後資金、マイホーム、投資などについては、素人のアドバイスが裏目にでることも多い。お金のプロのFPに相談することをおすすめします。

Part 9

シングル・アゲイン そんなとき 支えになるのは

人生いろいろ 予定外の人生にも備えよう

いま日本では、3組に1組が離婚する時代だ。残念ながら、日本の制度は、規格から少し外れる人たちに十分優しいとはいえない。結婚もそのひとつ。

それでも、利用できるサポートはいろいろある。そこに知恵や工夫を加えていこう。

アメリカで暮らしてみて実感したのは、結婚に対するイメージの違いだ。

アメリカでは結婚したカップルの2組に1組が離婚する。ティーンエイジの妊娠もめずらしくないが、たいていは男が逃げてしまうので、多くはシングルマザーになる。

つまり結婚は、まったく「あてにならない制度」なのだ。

だから女性は、結婚してもしなくても自分でお金を稼ぎ、自分と子どもの生活を成り立たせるために、仕事や暮らしの将来設計をつくろうとする。それはアメリカでも簡単なことじゃないから、苦労している女性もたくさんいるが、頑張っている。

ちょっと重い話題になってしまうが、結婚後、パートナーが亡くなってしまうこともあるし、うつ病や難病などになることもある。

友人のK子さんは、結婚1年目、男の子を身ごもっているときに、夫を交通事故で亡くした。そのときの仕事は残業が多くて子育てとの両立が難しかったので、資格をとって独立。自分で時間の裁量ができる仕事をしながら、子どもを育て上げた。

出産後、夫がうつ病になって収入がなくなったとき自分が大黒柱になって家計を支えた女性もいる。

結婚しても、相手もこちらも生身である。

相手が病気になったり、こちらがなったり、相手が死んだり、こちらが死んだりする。

多くの離別、死別の例を見てきていえるのは、そんな究極の状況を乗り越える助けになっているのが「仕事」だということ。

もちろん、家族や友人の慰めや励ましもあるが、そんな時期に打ちこめる仕事があり、自分の収入で暮らしている、暮らしていけるという誇りと希望は、大きな精神的な支えになる。

シングルママの家計は厳しい！

まず、現実から。シングルママ家庭の家計は厳しい。

2011年時点で、日本のシングルママ家庭の数は約124万。*
ママの働き方は約半数がパート・アルバイトで、平均年収は181万円。*
生活保護や児童扶養手当などの手当を含めても、平均年収223万円。*
同年の、児童のいる世帯の平均年収658万円**と比べると、約3分の1だ。

＊各数字と左頁のグラフは厚生労働省「全国母子世帯等調査」（2011年）参照

＊＊厚生労働省「国民生活基礎調査」（2011年）参照

年収が低いいちばんの原因は、フルタイムで働けないことだ。

なぜかというと、日本ではまだ、いちど正社員の仕事を辞めると、復職するのがむ

シングルママ家庭の年収（就労収入）

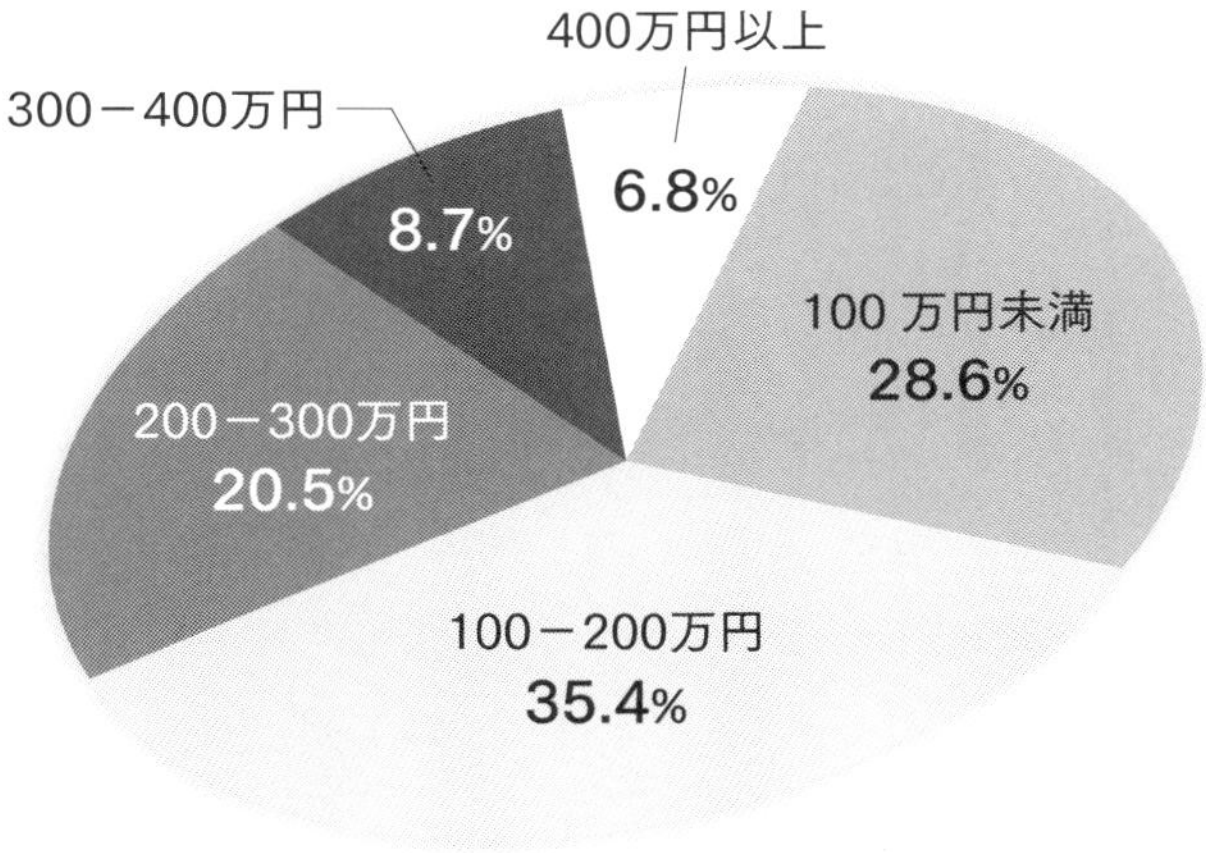

ずかしいから。

お金が必要なのに、パート・アルバイトの仕事をしているのは、子どもの世話に手がかかるから、というより、結婚や出産で仕事を辞めてしまった後に離婚や死別となり、フルタイムの仕事に就けないから。やむなくパート・アルバイトでしのいでいる。

日本では、主婦の収入が一定額を超えると、逆に本人や世帯の手取り収入が減ってしまう130万円や106万円の壁*があるために、女性が就く仕事の時給や労働時間がずっと低く抑えられてきた。

＊年収がこれを超えると、夫の扶養からはずれ、年金保険料と健康保険料を自分で払うことになる

夫に十分な収入があって、教育費の足しや自分の小遣いのために働くなら、週3日、年収100万円の仕事は快適だ。

シングルママはもっと働きたい、もっと稼ぎたい。

でも、世の中にある女性向けの仕事は年収100万円のパートばかり。

結果、時給の安い仕事を2つ、3つと掛け持ちして体を壊したり、子どもと過ごす時間がなくなってしまったり、と苦しい生活になってしまう。

マスコミなどで活躍する人には、高収入で華やかなシングルママもいるけど、彼女らは例外的な存在。

年収400万円以上のシングルママはわずか15人にひとりだ。

貧困家庭にならないためにポイントはやはり仕事

予定外あるいは計画してシングルママになったときに貧困にならないためには、次のことを心がけよう。まず結婚前は次の3つが大切。

①自分がずっと働くイメージを持って仕事を選び、年収300万円(できれば400万円)以上をめざす。
②結婚や出産で仕事を辞めない。辞めたときは短期間で復帰する。
③働き続ける。

そして結婚すると、彼のお金は私のもの、私のお金は彼のものと考えて、結婚後の貯金を全部、彼の名義で貯める人がいる。ふたりでお金を出し合って買った家を、夫だけの名義にする人もいる。

こうすると離婚するときも困るが、離婚しなくても、家を売るときや相続のときに税金で不利になることがある。そこで結婚後は、次の3つ。

①結婚後は収入に応じて生活費を出し合い、ふたりが同額ずつ貯金する。
②自分の貯金は自分の名義でする。
③家を買うときは、お金を出した割合に応じて登記する。

この方法なら公平な財産づくりができ、万一離婚になったときは、自分の名義の預金や投資をキープすればいい。シンプルで美しい。

シングルママになった場合は、次の4つ。

①時給の安いパートや、アルバイトを掛け持ちしない。
②必要なら職業訓練を受けたり資格を取ったりして、正社員やフルタイムの仕事をめざす。

③体を壊さない。

④公共、民間、家族、友人からのいろいろなサポートを受ける。

時給の安い仕事を掛け持ちすると、働く時間が長時間になり、不規則になり、移動の時間が余分にかかる。日に10時間、12時間働き、くたくたになって家に帰って寝るだけの生活になる。

子どものために頑張っているのに、子どもと過ごす時間もなくなってしまう。仕事のステップアップも望めない。やがて体を壊してしまう。

目先の現金収入は必要だけど、それ以上に長い目で見て、収入が増える仕事、正社員になれる仕事を選んでいくことが大切。

ハローワークには、シングルママを応援する「マザーズハローワーク」がある。すぐに希望の仕事がみつからなくても、あきらめないで根気よく探すこと。ハローワークで仕事を探すと、ひとり親家庭のための職業訓練給付を受けられる場合もあるよ。

シングルママが利用できるこんな手当、こんなサービス

シングルママ家庭をサポートする手当や制度には、次のようなものがある。ひとり親家庭に限らず子どもがいれば払われる手当と、ひとり親家庭が対象の手当がある。どちらも手続きをしないともらえない。

障害がある子どもへの手当もある。住宅費の補助や医療費の助成など、地方自治体独自の手当もあるので、自分が住む市区町村の制度を、冊子やウェブでよく調べること。

*

①児童手当（国の制度）……ひとり親家庭に限らず0歳から15歳（中学終了）までの子どもがいる家庭に払われる手当。子の年齢や人数、収入などにより、子ひとりあたり月5000～1万5000円。

②児童扶養手当（国の制度）……0歳から18歳までの子どもがいるひとり親家庭に払われる手当。ひとり目の子が月4万2330円で、2人目以降6000円ずつ加

算される。親の収入が高いと減額される。

③特別児童扶養手当、障害児福祉手当(国の制度)……精神や身体に障害をもつ子どものいる家庭に、障害の程度に応じて払われる手当。

④児童育成手当(地方自治体の制度)……18歳未満の子がいるひとり親家庭などに払われる手当。東京都では子どもひとりあたり月1万3500円。

⑤母子家庭・父子家庭の住宅手当(地方自治体の制度)……家賃の一部を助成してくれる。

⑥生活保護(国の制度)……貯金や財産がなく、収入が一定額以下の場合に払われる。

⑦ひとり親家庭等医療費助成制度(地方自治体の制度)……一定の年齢以下の子どもが病院で治療を受けたときに、費用の一部または全額が助成される。

⑧遺族年金(国の制度)……夫が死亡してシングルママになった場合、子が18歳になるまで遺族基礎年金、夫が会社員だった場合は以降も遺族厚生年金が払われる。

＊自治体によってあるところ、ないところがあり、給付の条件、金額も異なる

アメリカで学んだ頼もしい友人のネットワーク

結婚したカップルの2組に1組が離婚するアメリカでは、多くのシングルママと知り合い、彼女たちの生き様を見せてもらった。

美しく有能なのに、一度も結婚せず2人の男の子を育てたクリスティン。

シングルでひとり目を産み、結婚して2人産んで離婚したニコレット。

2人目が生まれてすぐ、夫の浮気で離婚したフィオナ。

専業主婦だったけれど離婚を機に、学校の教師に復職したジュディ。

皆、たくましく生きている。

彼女らの共通点はいくつかある。

ひとつめは、フルタイムの仕事をしていること。クリスティンは経理、ニコレットは金融、フィオナは会計の仕事をしている。

アメリカは日本よりＩＴの進歩が早いので、毎年新しいプログラムやシステムが導入される。現役を長く離れると、ついていけなくなる。一度仕事を辞めたジュディは特別支援教師の資格を持っているので、復職は簡単だった。

ふたつめは、いろんな人と助け合っていること。フィオナとニコレットは、同じ敷地のアパートに住んでいる。互いに子どもを預けあって、2家族が一方の家で一緒に食事をすることも珍しくない。

アメリカでは、子どもを車で送り迎えするのも、親の重要な仕事だが、親戚や友人のネットワークを駆使している。子ども服や、子どもグッズも、大きい子から小さい子へ、あちらからこちらへ、またこちらからあちらへと活用されている。

仲間はシングルママだけじゃない。子どもの友達ファミリーがパーティやお泊まり会に招いてくれる。結婚していない女友達がベビーシッターを引き受けてくれる。男友達がフットボールで遊んでくれる。

3つめは、活動的なこと。シングルママというと、仕事と家庭のことで手一杯と思うのだが、驚くことに、彼女らは地域活動にも積極的だ。チャリティーマラソンの運営を手伝ったり、教会でいろいろな役を引き受けたり。その活動を通してまた新しい仲間ができ、助け合いの輪が広がっていく。

4つめ。しなやかで前向きなこと。何が起こっても動じない。問題にぶつかってもあきらめず、しなやかに立ち向かっていく。彼女らの不屈の精神にはほんとうに脱帽した。

日本のシングルママも、こんなふうになれたらいい。そのためには、身近にいるシングルママを助けることからスタートだ。

離婚に備える経済的なマイナスを最小にする方法

というわけで、どんなことでも起こり得る人生。だから、結婚するときに（あるいは、いま夫婦円満でも）離婚に備えるのはごく当たり前のことだ。

お金の面からいくと、離婚はマイナスが大きい。

- ひとつの世帯が2つになると、生活費は増える。
- 離婚訴訟のための費用が膨らむこともある。
- 子どもの養育費が、約束通り払われないことも多い。
- 夫婦だと十分だった老後の備えも、別々の世帯になるとどちらも足りない。

…などなど。

でも、これらのマイナスを全部払っても離婚したい、離婚したほうがいいこともある。

離婚による経済的ダメージをできるだけ小さくするには、次のことがポイントだ。

①仕事を続ける（言うの100回目くらいだけど）。
②自分の財産は、自分の名義で管理しておく。
③当事者だけで決めず、家庭裁判所や弁護士などを通して話し合う。
④子どもがいる場合は、養育費に関する取り決めを必ずする。

これを心がければ、離婚するときもお金のことではもめにくく、離婚した後もお金のことで困ることが少ない。お金のことでもめなければ、離婚前後のいろいろなことは、ずいぶん楽になるはず。日本では、養育費の取り決めをしないケースが40％もある。子どもの将来のためには、必ず法的に有効で強制執行も可能な形（③）で決めておこう。

いま結婚していない人には、こんな話は余計かもしれない。でも、人生のリスクを知って、できる備えをしておく、というのはいろいろ役に立つよ。

自分と違う人に優しくなろう

シングルママとその家族が生きやすくなるため、誰にでもできることは、自分と違うライフスタイルの人たちの生き方を受け入れること。尊重すること。そして、できるときは手助けすること。そうすれば誰にとっても、もっと生きやすい世の中になる。

日本でも「ダイバーシティ」という言葉がよく使われるようになった。直訳すると「多様性」。職場や社会で、国籍や言葉や文化の違う人たちが共存することだ。

生き方もダイバーシティの時代だ。伝統的な生き方、家族形態だけでなく、いろんな生き方や家族の形があることを、自分に対しても周りの人に対しても受け入れていこう。

いろいろな生き方を可能にするには、経済的な土台が必要だ。広い視野を持って、いま自分がやることをやろう（仕事、貯金、運動、勉強、人付き合い）。

そして長い視点を持って、これからやることを見通していこう。

自分の人生。なんでもありだ。

おわりに

❋「結婚」＝「生涯保障」とはいえなくなった時代に

「結婚さえすれば、すばらしいパートナーがすべての問題を解決してくれて、すべての不安から救い出してくれる」

この幻想は、昔、「シンデレラ・シンドローム」*と呼ばれていた。

＊1981年にアメリカの女性作家、コレット・ダウリングが名づけた

「いまの私は、仮の姿。いつか、白馬に乗った王子様がやってきて、いまの状況から救い出してくれる。お城に連れて行ってくれて、結婚して、めでたし、めでたし」

……英語でいうところの"They lived happily ever after."

じつに多くの女性の深層心理に刷り込まれてしまっているけど、これこそ、まったくの幻想！　いまは21世紀。白馬に乗った王子様は永遠にやってこない。自分で馬に鞍《くら》をおいてその背に乗り、駆けていかなくてはいけない。

馬を走らせていたら、となりを走る人と気が合って伴走（結婚）ということになったら、それはそれで楽しいことだ。

ディズニー映画『Into the Woods』（日本では2015年公開）は、すべての女性必見！　白馬の王子、プリンス・チャーミングは不実で……、幸せな新生活を送るはずだったお城は……。

観てのお楽しみだが、この映画のように「結婚＝ハッピーエンド」でなく、その後いろいろ起こるのが現実の人生だ。

はっきり言おう。いまの時代、妻と子どもを養って、人並みの生活をさせられる収入のある男性は、ほんの一握り。

女性が家事と育児だけをして、夫の収入だけで生活するというやり方は、昭和時代の遺物。親の世代はそんな生き方ができたけど、いまはむずかしい。
でも、この昭和の考えにとらわれている女性や男性は多くて、その結果、結婚する人、したい人の数がどんどん減っている。

運良く、高収入男性と結婚したとしても、それが永続する保証はどこにもない。離婚率はさらに高くなるだろうから。結婚や出産を機に、仕事を辞めて専業主婦になっていたら、想定外の離婚でたいへんなことになる。

❀結婚していても、子どもがいても、最後はひとり

結婚しないで、子どもを持たないで、あるいは死別や離婚でパートナーと別れて、ひとりで生きるというのは、きびしい面もある。
パートナーや成人した子どもに頼れないので、人生のいろいろなことを自分で考えて、自分で決めて、自分でやらなくちゃいけない。これって、人生の醍醐味ではあるけれど、やっぱり孤独を感じるときもあるよね。

でも、あなたを応援してくれるのは、配偶者や子どもや家族だけじゃない。

学校時代の友人、仕事や趣味の仲間、先輩、後輩。先生、教え子。叔父さんや叔母さん、甥っ子や姪っ子。

いままで、いろんな人があなたの人生に関わって、アドバイスをくれたり、励ましたり、助けたりしてくれたはず。そしてこれからも。

一方で、結婚していても子どもがいても、いい関係を持てなかったり、遠い海外に住んでいたりして孤独な人がいる。パートナーや子どもに先立たれることもある。

結婚も子どもも、人生の保険じゃない。

ひとりだからこそ、血のつながりに頼らない人間関係を築くことができる。

私はアメリカでひとりで暮らしたことがある。

家族がいるときは、なかなか友人と仲良くなれなかったのが、ひとりになったことで友人と過ごす時間が増え、深く語り合ってお互いのことがよくわかり、助けてもらったり助けたりという関係になることができた。

よく食事に招いてもらった。アメリカ生活のいろんな手続きを助けてもらった。泣いて慰めてもらったこともある。

遠くの親戚より近くの他人。

「人ははだかで母の胎《たい》を出る。そしてはだかで帰っていく」

とは、聖書のことば。

「ひとりで死んでいく覚悟」は、実は、誰にも必要なことだと思うんだ。

✲若いときは年長の友人を、50代からは年下の友人を

独身で80代以降まで活躍している方、活躍した方々を見ると、晩年は自分よりずっと年少の人たちと交流があったことがわかる。仕事の相手であったり（会社勤めの人はだいたい50代以下だ）、秘書やお手伝いさんだったり、恋人や友人だったり。

一方で、社会や仕事で伸びる人たちは、若いときは、年長の友人やメンターを持っていることが多い。

結婚して子どもができれば、自然に（自分の親やきょうだい以外に）、親世代の親戚、子世代の親戚や友人ができるが、ひとり身だとそれが難しい。なるべく意識して、違う世代の友人を作りたい。

友人関係は、原則「give-and-take」だが、あまりこだわらなくていい。

年上の友人（あるいは先輩）からは、教えてもらうこと、受けることばかりが多くて恐縮してしまうかもしれない（でも若い人と過ごす時間は、年長者にとっても楽しみであるはず）。

受けた恩を本人に返さなくても、自分が長じたときに、自分より若い人たちを教えたり、励ましたりすることができる。実はこれが本当の恩返しかもしれない。

ドイツの元女優で映画監督のレニ・リーフェンシュタール（１９０２〜２００３年）は80代以降に、水中動画をとり、１００歳で映画として公開した。晩年は長く40歳年下の恋人が助手を務め、レニは彼に看取られて１０１歳で亡くなった。

私はモルディブで、水中撮影を終えて助手の男性と陸に上がってくる彼女を見たことがある。そのとき、レニ90歳。彼50歳前後。

これって、ひとつの理想形かも♡

✲生涯のお金アドバイザーを持とう

「アメリカは投資教育が進んでいる」「小学校で株式投資の授業がある」「アメリカ人は、みんな投資している」とは、私が日本初の女性FPになった1980年代から聞いていたことだ。

確かにアメリカはFP発祥の地で、日本の確定拠出年金制度（日本版401k）もアメリカの制度をまねしている。だけど、アメリカで生活してわかったのは、自分で運用している人はほとんどいない、ということだ。

アメリカは日本ほど公的年金制度が充実していないし、退職金制度も一般的じゃない。だからずっと前から「自分で老後資金を準備」しなくてはいけなかった。

でも、自分で投資している人は、ごく一部の人たちだけ。ほとんどの人は、ファイナンシャル・プランナー（FP）とかファイナンシャル・アドバイザー（FA）に、運用を任せている。

日本は1990年くらいからずっとデフレが続いているから、投資をせず銀行預金に預けっぱなしでも問題はなかった。

一方、アメリカはずっとインフレで、株式は2008年、2009年を除いては毎年上がっていたので、運用をしないとどんどん財産が減って損をするという状態にあった。いまもそれが続いている。

そこで、自分の財産と暮らしを守るために、専門家であるＦＰやＦＡに相談し、運用をまかせるのだ。

教会や学校でいろんな人にインタビューしたが、投資や税金のことがきちんとわかっている人はほとんどいなかった。どちらもあまりに複雑すぎるからね。そして多くの人は、日本人以上にお金音痴だった。だからこそ、専門家に頼る。

専門家に頼るのはお金持ちだけ、という考えは間違い。いまから資産を作っていく人、いま借金で苦しんでいる人、生命保険を選ぶとき、家を買うときは、専門家を使うか使わないかで、結果が大きく変わってくる。

お金に悩まされない人生を送りたい？

だったら自分で勉強して実行することも必須。

それに加えて、ぜひ生涯のパートナーになってくれる、信頼できて相性のいいＦＰを見つけよう。人生が大きく明るく変わってくるよ。

✲自分らしい人生をデザインする

人生ってわからないものだ。なかなか思い通りにならない。だから面白い。

誰にとっても、人生は一回きり。

親が悪かった、育てられ方が悪かった、家が貧乏だった、学校が悪かった、仕事が悪かった、女に生まれたのが悪かった、仲間が悪かった、運が悪かった、といろんなせいにすることはできるけど、それでは何にも変わらない。

いま、何かの理由でやりたいことをあきらめているとしたら、それはもったいない。

お金を味方につけることができれば、つまり「①稼ぐ」「②貯める」「③守る」「④使う」が少しずつできるようになれば、いままであきらめていたことができるようになる。不安も消える。

いきなり大きなことじゃなくて、小さなことから始めてみよう。月に1回海に行くとか、年に1足いい靴を買うとか。

ひとつできたらひとつ自信ができて、次に進む勇気がでてくる。

あきらめない人生。
自分のやりたいことをやってみる人生。
ちょっと、デザインしてみませんか。
お金の不安から解放されてしなやかに生きたいと願うすべての女性へ、愛を込めて。

2016年11月

中村芳子

著者紹介

中村芳子 ファイナンシャル・プランナー。アルファアンドアソシエイツ代表取締役。長崎市出身。早稲田大学商学部卒業。メーカー勤務を経て、1985年に独立系ファイナンシャル・プランニング会社MMIに転職。日本の女性FP第１号となり、ファイナンシャル・プランニング業務全般に携わる。91年、友人と現在の会社を設立。個人向けのライフプラン、保険見直し、家計管理、資産づくりなどのコンサルティング、金融記事の執筆・監修（単行本、新聞、雑誌など）、FP・金融セミナーの講師などをおこなっている。むずかしい金融や保険をわかりやすく解説することに定評がある。12万部のベストセラー『20代のいま、やっておくべきお金のこと』（ダイヤモンド社）など著書多数。本書は、著者初のテーマとなる「女性がシングルで暮らしていくときでも安心できるようなお金まわりのこと」をまとめた一冊。

いま、働《はたら》く女子《じょし》がやっておくべきお金《かね》のこと

2016年12月10日　第１刷

著　　者　中《なか》村《むら》芳《よし》子《こ》

発 行 者　小澤源太郎

責任編集　株式会社 プライム涌光
電話　編集部　03(3203)2850

発 行 所　株式会社 青春出版社
東京都新宿区若松町12番１号 〒162-0056
振替番号　00190-7-98602
電話　営業部　03(3207)1916

印　刷　中央精版印刷　　製　本　大口製本

万一、落丁、乱丁がありました節は、お取りかえします。
ISBN978-4-413-23021-6 C0033
© Yoshiko Nakamura 2016 Printed in Japan

本書の内容の一部あるいは全部を無断で複写（コピー）することは著作権法上認められている場合を除き、禁じられています。

いくつになっても綺麗でいられる人の究極の方法
アクティブエイジングのすすめ
カツア・ワタナベ

「いまどき部下」がやる気に燃えるリーダーの言葉がけ
飯山晄朗

人を育てるアドラー心理学
最強のチームはどう作られるのか
岩井俊憲

老後のための最新版
やってはいけないお金の習慣
知らないと5年後、10年後に後悔する39のこと
荻原博子

原因と結果の現代史
たった5分でつまみ食い
歴史ジャーナリズムの会［編］

青春出版社の四六判シリーズ

たった5分の「前準備」で子どもの学力はぐんぐん伸びる！
できる子は「机に向かう前」に何をしているか
州崎真弘

〈ふつう〉から遠くはなれて
「生きにくさ」に悩むすべての人へ　中島義道語録
中島義道

人生に必要な100の言葉
頑張りすぎなくてもいい 心地よく生きる
斎藤茂太

内向型人間が声と話し方でソンしない本
1日5分で成果が出る共鳴発声法トレーニング
齋藤匡章

「何を習慣にするか」で自分は絶対、変わる
小さな一歩から始める一流の人生
石川裕也

お願い　ページわりの関係からここでは一部の既刊本しか掲載してありません。
折り込みの出版案内もご参考にご覧ください。